Walking and Painting in Ancient Villages Go into Lanxi

行画古村落

走进兰溪

“边走边画”系列丛书

夏克梁 主编

图 陆盈睿 向俊 夏沐妍 等
文 吴琼怡 夏克梁 等

红旗出版社

图书在版编目（CIP）数据

行画古村落．走进兰溪 / 夏克梁主编．-- 北京：红旗出版社，2024.5（2024.6 重印）
ISBN 978-7-5051-5407-0

Ⅰ．①行… Ⅱ．①夏… Ⅲ．①村落—介绍—兰溪 Ⅳ．① K928.5

中国国家版本馆 CIP 数据核字（2024）第 051994 号

书　　名　行画古村落——走进兰溪
主　　编　夏克梁

责任编辑	赵　洁　刘云霞	责任校对	郑梦祎
责任印务	金　硕		
出版发行	红旗出版社		
地　　址	北京市沙滩北街 2 号	邮政编码	100727
	杭州市体育场路 178 号	邮政编码	310039
编 辑 部	0571-85310198	发 行 部	0571-85311330
E-mail	498416431@qq.com		
法律顾问	北京盈科（杭州）律师事务所　钱　航　董　晓		
图文排版	浙江新华图文制作有限公司		
印　　刷	浙江海虹彩色印务有限公司		
开　　本	787 毫米 ×1092 毫米　1/16	插　　页	0.75
字　　数	369 千字	印　　张	21.25
版　　次	2024 年 5 月第 1 版	印　　次	2024 年 6 月第 2 次印刷
ISBN 978-7-5051-5407-0		定　　价	160.00 元

前言

古村落是在人类发展演变中形成的，它不仅是一种建筑和生活的记忆，更是维系民族情感的纽带和传承民族文化的重要载体。古村落集建筑、文化、习俗等于一体，对传承我国农耕文化和乡村文明起到了重要作用。不同民族或同一民族在不同区域的自然环境中长期生活，形成了各种不同的村落形态，有着自身独具特色的传统文化。古村落除了那些遗存至今的民居建筑之外，还有世代传承、沿袭着的文化习俗和生活技艺，创造出珍贵的本土多元文化资源，是宝贵的非物质文化遗产。

小桥流水、粉墙黛瓦、烟雨朦胧、山清水秀……是很多人记忆中或心目中的家乡，但随着新型城镇化快速发展的影响，传统古村落正面临着被破坏甚至消亡的困境，很多具有价值的古村落也在遭受着同样的冲击。传统技艺、民间舞蹈、生活习俗……则是很多人儿时最美好的记忆，是挥之不去的一种生活影像。在新技术新设施不断更新与发展的时代，传统手工艺和传统活动逐渐被人淡忘、失传，有些非物质文化遗产也呈衰败态势，面临着消失的危险。古村落逐渐湮灭，原始特色风貌渐渐淡化，乡土古民居建筑所蕴含的地域文化、地方传统习俗等也将慢慢地缺失，这种“家乡”和儿时最美好的“记忆”随之离我们越来越远，终将变成“回不去的故乡”，以致失去了乡愁。

古村落的保护和发展尽管已逐渐受到政府和各界的重视，但其抢救和保护的进度依旧赶不上消失的速度。“边走边画”团队以艺术人及设计师的视角记录当前古村落的生存、发展与保护的现状。我们在与时间赛跑，想用画笔留住更多的古村落和老房子，我们在注重绘画技巧的同时，更加关注古村落及历史资源的活化利用、非物质文化遗产的保护和传承等。我们也希望在后续的古村落保护中能够提出建设性的意见，用古村落特有的文化保留乡土气息，让大家能找回乡土的情感归宿。

“边走边画”至今已走过了七个年头，每一年举办一次写生活动，2017 年开始将活动范围从全国缩小到一个省。2022 年，“边走边画”走进兰溪，这是继松阳、文成、嵊州、奉化之后的浙江境内第五站。兰溪有着悠久的历史、深厚的文化积淀，传统古村落形态多样，历史上人才辈出。

“边走边画”系列丛书之《行画古村落——走进兰溪》是以绘画、照片结合文字描述的形式对兰溪现有的古村落进行梳理，其目的在于拓展受众面，让更多人知晓兰溪、了解兰溪、喜欢兰溪。在此，要感谢兰溪市委宣传部、兰溪市融媒体中心的极大支持，在活动期间，他们不但给予我们极大的支持和帮助，后续还为我们提供了宝贵的图片资料；同时要特别感谢“澹明轩”民宿的主人何可人先生，他为本书撰写及时提供大量的图片，才使得本书能够顺利编辑和出版；也要感谢“边走边画”整个团队，在新老成员的积极配合、共同努力下，集中时间精心绘制了数百件作品，为本书的插图质量提供了有力的保障，也使得本书的内容更加丰富多彩。

夏克梁

2023 年 12 月

本书为“边走边画”系列丛书之七

本书顾问：褚定华

目录

古老的家具
作者：陈世康

游埠老街
作者：夏沐妍

兰溪山水如画、风光旖旎，是一个钟灵毓秀、山清水明的地方，堪称金华乃至浙江最美丽的县市之一，自古就是钱塘江上游最繁华的商埠。丰富的物产哺育了精彩的民俗历史文化，深厚的历史文化积淀更是为兰溪孕育出一大批历史名人、文化巨匠。城区有『三江六岸、两山两塔、三岛一古城』的诗意景观，境内则有全国保存最完整的古城、古镇、古村落体系。

兰溪概况

01

1 2

兰溪境内如今还保存着很多完整的古村落 _1
摄影：胡一兵

牛腿 _2
作者：陆盈睿、夏克梁

兰溪，溪以兰名，邑以溪名，地处浙江省中西部，钱塘江中游，金衢盆地北缘，是历史文化名城，也是中国优秀的旅游城市。

兰溪于唐咸亨五年（674 年）建县，已有近 1400 年的悠久历史。历史上，依托"三江之汇、七省通衢"的交通优势，这里商贾云集、商贸繁荣。

兰溪有着得天独厚的地理风貌、深厚丰实的历史底蕴和极具特色的悠久文化，涌现了贯休、范浚、李渔、曹聚仁、郎静山、方增先等历史名人，兰溪的历史可谓熠熠生辉。

1 2

兰溪旧城仍保留完好的老城门 _1
作者：向俊

兰溪现存的老街道，如今依旧热闹非凡 _2
作者：夏克梁

2022.8.15

时光在流逝，岁月在变迁。大千世界发生着日新月异的变化，兰溪的古镇、古村和老街依然在向人们讲述着千百年来生生不息、亘古不变的故事。这些都是我们追寻历史文化脉络的珍贵文物，是我们的精神家园和文化传承的根基。

兰溪现存
古村落及老街

02

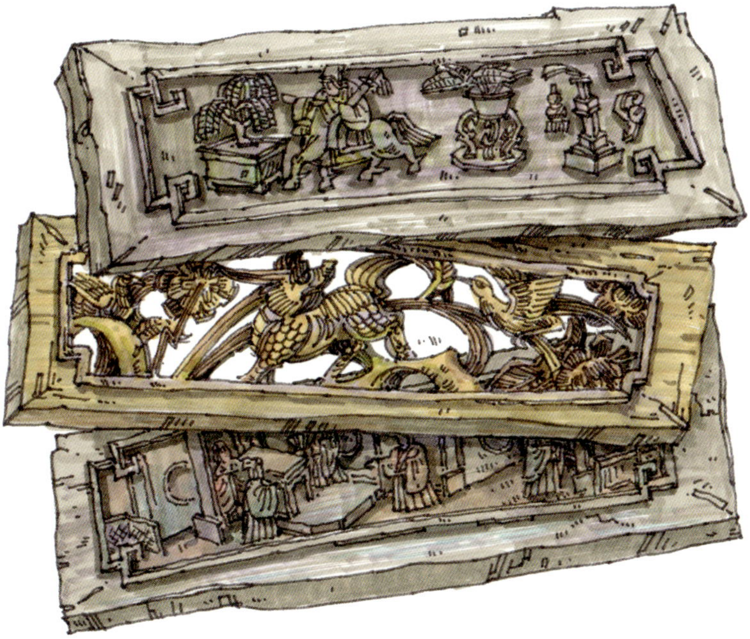

1 2

兰溪很多古民居具有明显的徽派建筑特征 _1
摄影：陆伟

花板 _2
作者：陆盈睿、夏克梁

02.1 上戴村

1 2

规划整齐、保存完好的戴氏祠堂 _1
摄影：陆伟

上戴村村口的戴氏祠堂 _2
作者：张书山

上戴村位于柱竿山山脚，据《莲湖戴氏宗谱》载，宋淳祐年间，戴姓始祖自兰溪十一都戴家庄迁居莲湖（今莲塘），后裔分居莲湖之上，故称上戴。2019 年，上戴村被列入第五批中国传统村落名录。村中现存建筑大多建于明、清、民国时期。

上戴村依山而建，傍水而居，建筑呈放射状布局。村中大小水塘有十几处，其中最大的是莲湖。多数民居建于山林之上，形成“田围着水，水环着山，山护着村，村含着水”的独特景观。

莲湖戴氏在旺塘四周先后建有望槐堂、承宗堂、花萼堂、敬胜堂、小宗祠等。如今，花萼堂、敬胜堂、小宗祠已改为民居，承宗堂只留几个石柱礅，望槐堂只剩一间后厅和清代建造的“回”字形花厅。

上戴村传统民居的室内空间
作者：万丙礼

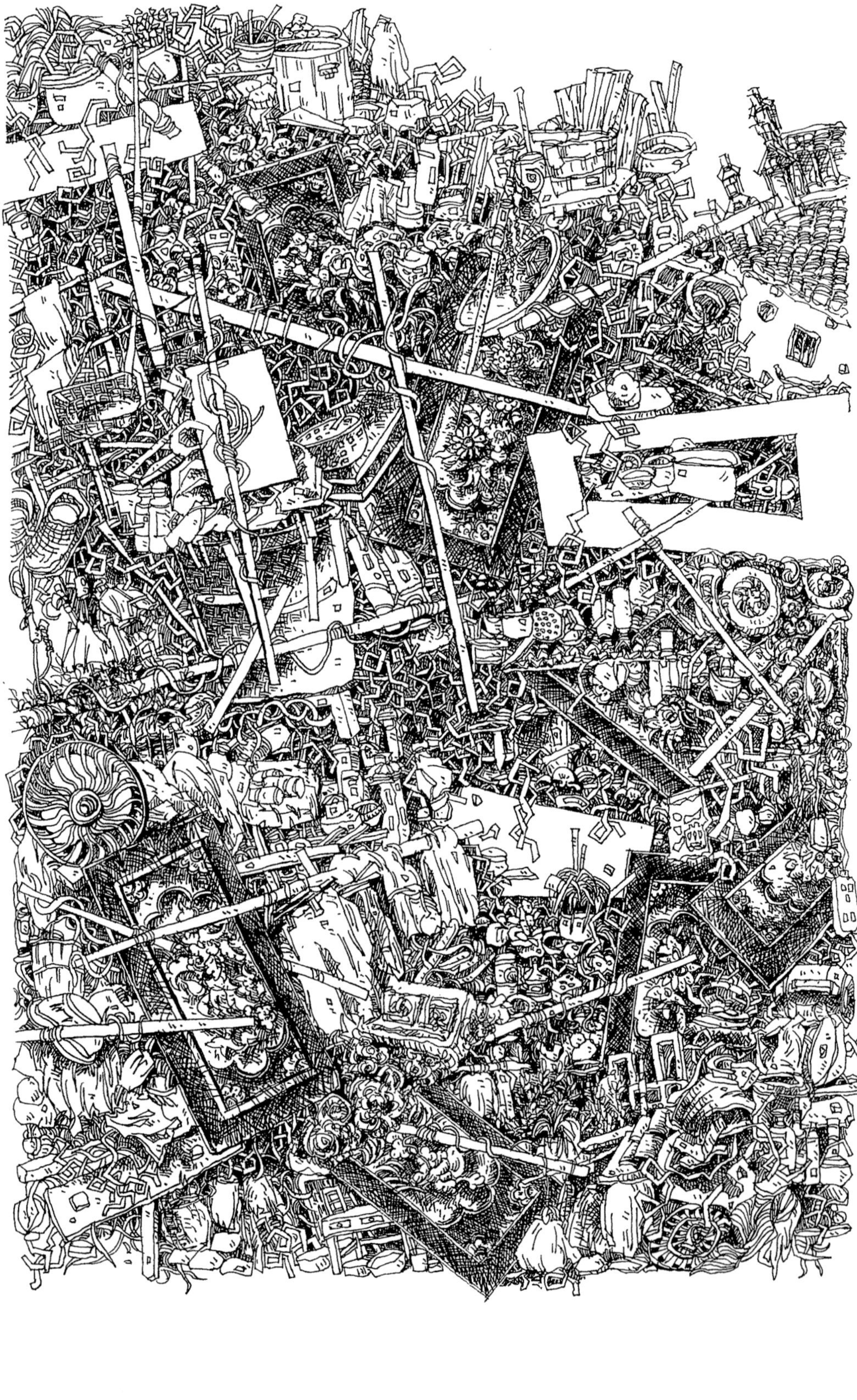

在上戴村的古建筑中，值得一提的是上戴祠堂，俗称『大宗祠』。据《莲湖戴氏宗谱》载，明嘉靖年间，因『支派繁衍、科第连绵，在莲湖之东，坐东朝西，始建大宗祠』，清康熙年间建造了中庭，乾隆年间建造了宗祠门台与两厢，嘉庆年间重建正寝七间、两厢十四间，之后又重建前厅七间，同治年间重修了部分建筑。上戴祠堂占地 2180 平方米，七开间，为『回』字形四合院建筑，中厅三开间，歇山顶，全部用青石柱，牛腿雕刻戏曲故事。大门三间，门各有抱鼓，俗谚『三门六抱鼓，抵过宰相府』。1997 年，上戴祠堂被公布为兰溪市级文物保护单位。

建于清朝的花萼堂虽已改为民居，但仍在很大程度上保留了历史风貌。花萼堂又名花厅，位于旺塘西北侧，呈『回』字形格局。因靠山而建，地势较高，进入前厅有一段台阶铺设。前厅门面有青石雕刻图案，后厅大门为圆形拱门，厅内柱子以及二楼墙门都为木头雕刻，图案丰富，手工精湛。

1 2

民居中的花板与杂物 _1
作者：袁华斌

牛腿 _2
作者：袁芳

02.2 潦溪桥村

1 | 2

上戴村的传统民居 _1
摄影：夏克梁

潦溪桥村的农家小院 _2
作者：夏克梁

兰溪市游埠镇潦溪桥村位于兰溪市西郊、章士线旁，潦溪流经村西南面，游埠溪傍村而过。潦溪桥村西部靠马鞍山，地处三江平原，四季分明，农、牧、副、渔各业全面发展。

村中潦溪桥、无逸堂、雍睦堂、大夫第等形成明清古建筑群，白墙灰瓦马头墙，造型独特，气势恢宏，雕刻工艺高超。第三次全国文物普查公布的兰溪不可移动文物名录中，潦溪桥村有文物 46 处。2019 年，潦溪桥村被列入第五批中国传统村落名录。

潦溪桥，又名摇车桥，是章氏祖先为便利儿孙上学靠纺纱织布赚钱建造的。潦溪桥于清道光十九年（1839 年）建成，为三墩四孔青石板桥，长 27.5 米，宽 2 米。村庄因此得名。

无逸堂坐北朝南，面积 605.2 平方米，建于清代中期，是兰溪市市级文物保护单位。三间三进两明堂，带一门楼建筑，外“八”字形砖雕矮墙。

友恭堂面积 260.29 平方米, 建于民国时期。三间两进一明堂，设两柱砖雕门楼。前进用四柱，次间用五柱，梁架为抬梁与穿斗相结合。后进为楼屋，楼下梁架为扁作梁承重，前廊用月梁，次间梁架为穿枋承重，各柱柱头置坐斗；楼上梁架为穿斗式。过廊为一开间，鼓形柱础，三合土地面，硬山顶。

1 2 3

巷道 _1
作者：向俊

灶间堆放的杂物 _2
作者：夏克梁

潦溪桥村村民精神生活丰富多彩 _3
兰溪市委宣传部供图

02.3 上包村

上包村位于三峰山南麓，下辖上包、清塘何、下包、清塘畈、前塘、中和、章良 7 个自然村。据《青塘包氏宗谱》载，上包村包氏祖先在宋代从金华迁入。包氏源自楚大夫申包胥之后。近年来，上包村开展村庄整治、美丽乡村建设、污水处理工程建设、文化礼堂建设等，被评为中国传统村落、全国生态村、浙江省文明村、浙江省模范集体等。

上包村保存完好的民居建筑群 _1
摄影：陆伟

上包村文化礼堂 _2
兰溪市委宣传部供图

上包村包氏宗祠 _3
作者：万丙礼

下包村是上包村下辖村之一。据《青塘包氏宗谱》载，包姓分上、下两族，本村为下族，故名下包。济美堂位于下包村公路边，坐东朝西，占地面积355.06平方米，始建时间不详，现存为民国时期建筑。据《刘氏宗谱》载，下包村章良刘氏始祖自杭州迁入兰溪纯孝乡，宋末元初刘时泽自虹霓山迁入，宗族堂名为彩芝堂。

清塘何村也是上包村的下辖村。村庄形像燕窝，聚族三峰之下，是古代堪舆所谓的风水宝地。

1 2 3

包氏宗祠如今是上包村最重要的建筑之一 _1
作者：张书山

上包村的传统民居 _2
作者：向俊

上包村传统民居的厅堂 _3
作者：万丙礼

02.4 桐山后金村

桐山后金村位于黄店镇人民政府驻地西北 7.5 千米，地属丘陵，以种水稻为主，兼种茶叶、水果，兼营畜牧、养鱼。2019 年，桐山后金村被列入第五批中国传统村落名录。桐山后金村姓氏较为单一，绝大多数是金氏一族，为南宋理学家、哲学家、教育家、文学家金履祥后裔。少数其他姓氏村民是在修建芝堰水库时期迁移而来。据《光绪兰溪县志》载，金氏村民在宋代由衢州桐山峡口迁至鸡鸣山脚，北宋天圣十年（1032 年）迁居此地，村前有座山，便沿用桐山为山名，村在山后，故名桐山后金村。

桐山后金村下辖前方、上王和小郎头 3 个自然村。小郎头村世居董氏，明朝中期由八角井迁居至此。据《董氏宗谱》载，八角井董氏始祖为汉朝董仲舒，宗族堂名为余庆堂。

1 2 3

桐山后金村村口的大池塘，现今村民的日常生活依旧离不开它 _1
摄影：夏克梁

池塘边的牌坊 _2
作者：万丙礼

村中的居敬堂及其主人 _3
作者：万丙礼

村北仁山书院为浙江省文物保护单位，是当地群众为纪念金履祥而建，坐北朝南，三间三进两天井，带两偏屋。前进明间为五架梁带前后单步，次间抬梁、穿斗相结合，前后檐柱、角柱及金柱用青石方柱，其余为圆木柱。中进明间为五架梁带前后单步，次间抬梁与穿斗相结合，前后檐柱用青石方柱。后进梁架为抬梁与穿斗相结合，前檐柱用青石柱。地面均为三合土地面，用覆盆柱础。

1 2

灶间操作台 _1
作者：陈玥而

后金村中的普通人家 _2
作者：向俊

02.5 聚仁村

聚仁村村名源自曹聚仁。曹聚仁生于兰溪，曾当过作家、教师、记者，在抗日战争期间毅然投笔从戎。聚仁村内曹聚仁故居、慈母园、大会堂等是兰溪市市级文物保护单位。聚仁村经过重整，由原来的小村庄扩大到下辖 8 个自然村的大村落，2017 年被列为浙江省传统古村落，2019 年被列入第五批中国传统村落名录。聚仁村有着优美的自然风光和深厚的文化底蕴。梅溪由东向西贯村而过，两岸阡陌纵横，沃野绵延，远山黛影掩映着农舍别院。

1 2

曹聚仁故里 _1
兰溪市委宣传部供图

聚仁村村名源自作家曹聚仁，
这里也是曹聚仁的故居 _2
作者：谢祥国

通洲桥架于梅溪之上，是一座圆弧形石拱廊桥，全国重点文物保护单位。该桥始建于康熙年间，经过数次改造，全长 84.8 米，宽 4 米，拱券矢高 8 米，净跨 9 米。拱券为纵联砌筑。桥面铺条石，两侧设条石护栏。桥上建廊屋 21 间，青石赤柱，黑瓦红梁，飞檐斗角，错落有致，花虫鸟兽，精雕细刻，典雅巧致。两端为重檐歇山顶门楼，中悬“通洲桥”匾，桥中部设重檐歇山顶神龛。

桥头有一座小山，名挂钟尖，山顶建有一座文昌阁，桥阁交相辉映。

1 | 2
3

通洲桥及边上的古树 _1
作者：张书山

马头墙 _2
作者：陈世康

村中人家 _3
作者：田甜

02.6 厚伦方村

厚伦方村方姓始祖于元代自桐庐迁居兰溪太平乡后陵方村，后人缅怀先祖“厚德敦伦”遗风，于明嘉靖年间改“后陵”为“厚伦”。厚伦方村是兰溪市15个民族村之一，2018年人口1148人，其中少数民族人口超过200人，大部分是畲族。厚伦方行政村下辖厚伦方、上竹塘、相公殿山、樟塘垄和午塘殿5个自然村。

方姓为厚伦方村第一大姓，多年来，方姓和其他31个姓氏和睦相处。村中的祠堂里设有姓氏源流展示厅，展示村中各姓氏的来源、名人、分布等。在村省级文物保护单位爱敬堂里设有民俗陈列馆，收藏着具有畲族民族特色的器物、服饰等，民族景观墙上绘有反映畲族礼俗的彩画。

厚伦方村保存着大量历史建筑。

1 2 3

厚伦方村注重村民的精神生活，这是村里的乡村影院 _1
兰溪市委宣传部供图

村中小景 _2
作者：夏克梁

厚伦方村文化礼堂 _3
作者：向俊

厚伦方塔，俗称无头塔，坐落于厚伦湖中，建于明崇祯十四年（1641 年），为八面楼阁式砖塔，现残存 4 层，高约 22 米。塔内顺梯可登顶。塔身用砖叠砌，四周开拱券门，各层平砖和菱角牙子叠涩出檐。

方氏宗祠建筑宏丽，门楼上的“进士”题额显示村中曾出过进士。

与方氏宗祠仅隔数米的爱敬堂，是明代中晚期建筑，楼上厅为木结构，有独特的藻井装饰，抬梁与穿斗结合，是兰溪市境内使用斗拱极多的民居。如今，厚伦方村建设得有声有色，乡村美景让人流连忘返。

1　2

村中民居 _1
作者：夏克梁

传统民居中的天井 _2
作者：陆盈睿、夏克梁

传统四合院
作者：陆盈睿、夏克梁

上唐村建于南宋淳熙年间，距今 800 余年，距兰溪城 20 千米，是万松源唐氏聚居地。村在小溪上游，故名上唐，以种水稻、油菜为主，兼种杭白菊、枇杷、柑橘、茶，枇杷是特色产品。2019 年，上唐村被列入第五批中国传统村落名录。

02.7 上唐村

上唐村古建筑群是兰溪市市级重点文物保护单位。村内现存明清宗祠和民居 40 余座，围绕池塘，建于山坡之上。规模较大的建筑有万松堂、万松寺、广明庵、狮子厅、承庆堂、裕远堂、翠松堂、秀松堂、积庆堂、秀纪堂、桂花厅、继述堂、狼虎厅等。其中，浙江省级文物保护单位 1 座，为承庆堂。明代祠堂建筑面积 1195 平方米，清代祠堂建筑面积 1842.01 平方米，民国庙宇建筑面积 305.23 平方米，清代民居建筑面积 1856.25 平方米，民国民居建筑面积 284.09 平方米。

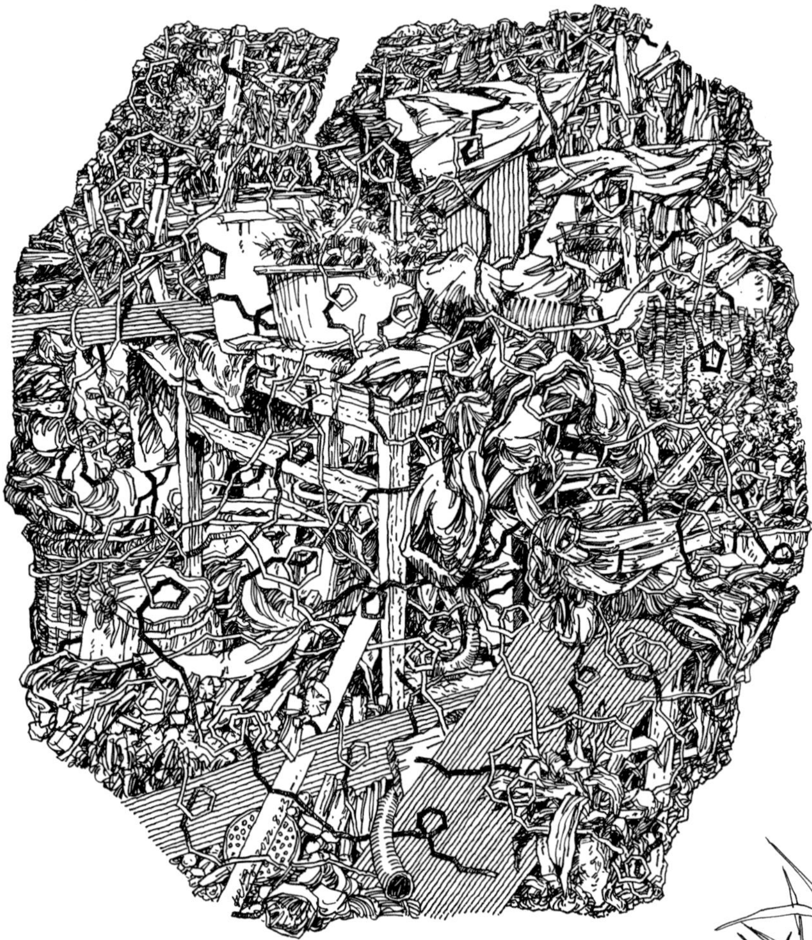

| 1 | 2 | 3 |

走在村中，我们总能看到随意堆放的杂物，它们却是很多画家乐于表现的题材 _1
作者：夏克梁

上唐村村民热爱生活，很多人家家门口都摆放着种植的花草 _2
作者：陈世康

下孟塘村上族祠正门口 _3
摄影：夏克梁

02.8 下孟塘村

下孟塘村世居徐、范两姓，据《孟塘徐氏宗谱》载，徐氏先祖于元至正三年（1343 年）与范姓女结婚，自婺州迁入此处，后逐步形成以徐姓为主的村落。因村前有一口大塘，人称孟塘，村在塘下，故称下孟塘。下孟塘村明清古建筑众多，如上族祠、嘉庆堂、文昌阁、龙珠殿和石牌坊等。其中，上族祠为全国重点文物保护单位，嘉庆堂为浙江省重点文物保护单位。

上族祠，即徐氏大宗祠、孝伦堂，坐北朝南，占地面积约 1700 平方米，由门厅、正厅、寝堂、厢房及 4 间偏院组成，尚存“邦关重望”古匾，曾用作小学校舍，保存较为完整。上族祠总体布局呈“回”字形，正厅独立，其余建筑互相连接。中轴线上分布有门厅、中厅和寝堂，两侧有东、西厢房并由庑廊连接，形成一个四周闭合、中厅独立的“回”字形结构。

嘉庆堂，又名高玄厅，坐西朝东，占地面积 500 余平方米，由门厅、正厅、穿堂、后厅和厢房组成，主要建筑为明前中期遗构，门厅与两厢为清末改建。平面为三间三进一穿堂，均采用梭柱、月梁，月梁断面近矩形，隔梁下垫有斗拱；穿堂设有藻井，四周用斗拱承托，形制古朴。

村中还有一处古民居花厅，坐西朝东，三进两明堂式，南边连接三合院式边房一组，清中期建筑风格，现为五户村民共有。外墙两座门楼用两柱一楼仿木牌坊样式，额枋阳刻“壁联奎”“泰岱联辉”，雕刻工艺高超，内容丰富，有人物、鸟兽、花卉、几何图案等。内部三进九间加左右厢房均为走马楼式单檐楼屋，第二进底层是抬梁式，用作客厅，后进全穿斗结构，用作卧房。檐下有美人靠，牛腿为狮、鹿、草龙等造型，鼓形柱础，三合土墁地刻方格线，天井用青石铺设。

1 | 2 | 3

上族祠也称徐氏大宗祠，主建筑为一个敞开式的空间 _1
作者：张书山

上族祠是下孟塘村保存最完好的古建筑 _2
作者：向俊

下孟塘村传统民居中狭小的厅堂 _3
作者：万丙礼

村中的巷道
摄影：夏克梁

2022.8.4

村民充分利用好每一寸空间，狭小的过道成了种植果蔬和晾晒衣物的地方

作者：夏克梁

02.9 三泉村

三泉村位于柱杆山下，因地有喷泉三眼而得名。三泉村 2014 年被列为浙江省历史文化村，2017 年被列为浙江省传统村落，2019 年被列为中国传统村落。村中以池塘为中心，环绕分布几十幢徽派民居。

世德堂建于南宋淳熙八年（1181 年），已有近 850 年的历史。建筑为宫殿式，九鳌三叠梁，现存三进，面阔皆三间，占地面积 710 平方米，正厅檐下的单抄双下昂六铺作和内槽三叠梁等都是当地罕见的。2013 年，世德堂被公布为全国重点文物保护单位。此处曾供奉祭祀南宋抗元名将唐元章、唐良嗣。南宋时，唐元章、唐良嗣叔侄两人率兵大败元军于兰溪黄湓滩，后不幸分别战死于龙游白云寺和江山仙霞岭。文天祥为二人题写的“正气千秋”“武翼将军”两块古匾一直保留于世德堂内，从这个角度而言，世德堂可谓“宋元遗构”。

『宋元忠义昭示日月，明清科甲威震乾坤』，是三泉村『文武世家』的写照。历史上，许多文人墨客在此驻足，留下大量墨迹，如楹联、匾额、祠联、墓志铭等，是一笔宝贵的文化遗产。

1
2
3

世德堂的建筑细节 _1
图片源自视频号“货架 . 楼”视频截图

三泉村的世德堂 _2
作者：张书山

无人居住的传统民居如果不是经常性地去维护，在很短的时间内便会倒塌并逐渐消失 _3
作者：夏克梁

02.10 刘家村

刘家村位于兰溪市西北。据《刘氏宗谱》记载，明永乐年间，刘氏先祖由安徽池州建德师源（现东至思源河）迁居兰溪纯孝乡刘店园（现兰溪黄店镇虹霓山村），后迁徙到刘家村。刘家村辖刘家、下唐、新唐、高井、东坞 5 个自然村，有进士牌楼、宝训堂、光裕堂、敬承堂、燕翼堂等古迹。

刘家村坐北朝南，依山傍水，地势高低错落，前依朱家沧源溪，背靠后山，后山像一把交椅，环抱整个村落。后山与门关山相连，右边一条长长的山垄叫白虎垄。村落对面铁耙山耸峙，与逶迤的白露山相接。

刘家村村口有 5 棵树龄数百年的古樟树和一方鲤鱼形的新塘，塘中踏步是鲤鱼的腮，一口圆井是鲤鱼的眼睛，溪上的石条是鲤鱼的鳍，樟树下洗衣处似鲤鱼的尾巴。

历代以来，刘家村百姓辛勤劳作，在村内兴建了道路和大量厅、堂、民宅，村落格局基本形成。刘家村非物质文化遗产丰富，月半节延续至今，活动规模颇盛。节日期间，开展迎銮驾、猪羊会、祭祖、演婺剧等活动，还有糕点制作、豆制品制作、弹棉花、剪纸、打麻绳草绳、竹编、箍桶、造房上梁、民间裱画、墙画、十字绣、编麦秆扇等。

1	2
	3

后院的鸡舍 _1
作者：朱圣杰

民居室内一角 _2
作者：夏克梁

元素组合 _3
作者：袁华斌

02.11 芝堰村

芝堰，旧名芝溪、芝水，毗邻建德，碧水环村，山峦叠翠。村前有一条芝溪，宋时曾筑有堰，村以溪堰得名芝堰。芝堰村始建于南宋，距今已有近千年的历史。陈氏世居于此，氏族繁荣。

芝堰的古民居建筑，从明初到民国末年，跨越近500年。最为可贵的是，建筑皆有匾额和记录可查，年代明确，变迁清晰，除反映浙中丘陵地带居民的生活习惯、理念、环境和家族传承外，还保留着当地与外来文化交流的印迹。

作为古代婺州通往严州的重要驿站，芝堰村街道两旁茶楼酒肆、钱庄当铺、澡堂歇店一应俱全，络绎不绝的商客给这座村庄注入源源不断的活力。同时，驿站文化也影响了村落的建筑风格。

部分建筑雕梁画栋的程度，令人叹为观止。全村保存完好的明清民居有70余幢，以全国重点文物保护单位“九堂一街”为代表。

孝思堂：九堂中最大的祠堂，始建于明洪武三年（1370年），由前进、中庭、后进3个部分组成，呈“回”字形结构，占地面积1600平方米，1985年重修。

衍德堂：九堂中年代最久远的祠堂，主体建筑建于明早中期，平面布局为三间三进一穿堂，占地面积 455 平方米，前进与中进间有一天井，两边用厢房连接，天井雕刻精美，须弥座状，为明代原物。

济美堂：建于明万历年间，坐北朝南，三间对合，占地面积 317 平方米。

成志堂：始建于清乾隆年间，牛腿雕刻精致，堂内柱上的雕刻尤为精细。清光绪年间芝堰村旭升私塾设于此。

世泽堂：明代建筑。通道正门有“太源号”“思不忘”字样，教导后人不忘前人恩泽。太源号原是堂中的蜡烛坊，开设过研趾澡堂，供过往商旅休憩。

世德堂：建于明万历年间，分三间，占地面积 200 平方米，楼下低，楼上高，大梁做在楼上，因此又叫楼上厅。

光裕堂：始建于明初，清乾隆年间重建，占地面积 280 平方米，大梁略呈扁形，“八”字形大门前一对抱鼓石造型古朴。

承显堂：始建于明嘉靖年间，前厅有戏台，后庭有阁楼，中庭前后有两天井，上梁为方形，牛腿雕刻细致。

善述堂：建于明代中期, 前面天井很深, 厅堂坐东朝西, 大门开在南厢, 用砖雕门楼, 门顶设有鸱鱼吻及宝瓶, 寓意年年有余。

月亮街：又称古驿街、大街，元、明、清时从金华到建德的严婺古驿道所经之路，当时客店、酒店、当铺、澡堂、戏院一应俱全。长约 300 米，蜿蜒曲折，形似弯月。有骑街楼隔空连接两边房屋，南、北街头各以一株古樟树为标志。

绵延近 500 年的古建筑，是芝堰村的文化瑰宝，见证着村落的历史变迁。如今，芝堰村正以“九堂一街”古建筑保护、街渠纵贯水系开发为重点，进一步提升村落景观。

1 2

光裕堂入口 _1
作者：向俊

孝思堂外观 _2
摄影：夏克梁

孝思堂

| 1 | 2 | 3 |

孝思堂也是陈氏宗祠，明代建筑，是村中最大的祠堂 _1
作者：张书山

衍德堂已成为村中的农耕文化展示馆，陈列着很多农耕时期的老器物 _2
作者：张书山

衍德堂中极具年代感的展品 _3
摄影：夏克梁

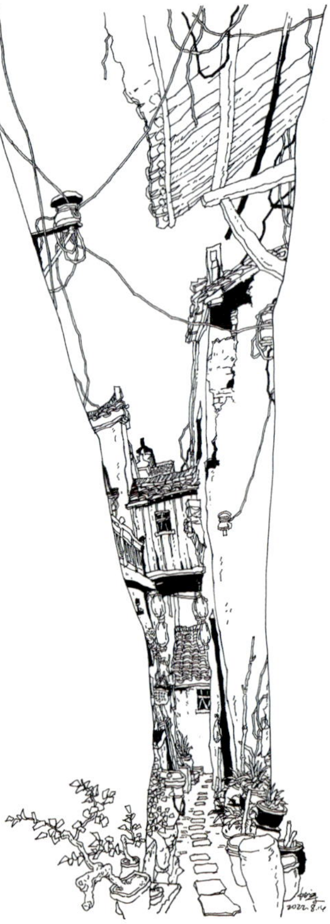

1 2 4
3 5

弄堂深处的跨街楼 _1
作者：夏克梁

保存完好的水系 _2
摄影：夏克梁

现在的承显堂为清末民初重建，前厅的戏台为全村演戏之所在 _3
作者：万丙礼

济美堂的建筑空间 _4
摄影：夏克梁

芝堰水米糕 _5
作者：胡其梅

1 | 2

村尾古樟树，见证了芝堰村的历史和变迁 _1
作者：夏克梁

村中的街道及传统民居 _2
作者：向俊

02.12 岘坦村

岘坦村位于兰溪市西北，距离兰溪城20千米，原名坦达村，清嘉庆后改称岘坦村。现为周姓聚居村落。岘坦村依托白露山群峰，处于坦源溪两岸谷地之中，民居随山势层层升高，以坦源溪为中心，分布街巷，形成“非”字形格局。岘坦村四面环山，两条小溪在村口汇合，流入兰江。村东有明代古塔仁寿塔，与栖鹤亭遥遥相对，村南有古庙兰源殿，村西后山有南宋忠良周三畏隐居的忠隐庵古刹和周三畏陵墓。古建筑还有周氏家庙敦本堂、进士牌坊、孙氏堂楼、敬承堂、积善堂、上轿厅、贞固堂，以及马头墙等近百处。村中有古井5口，其中明代以前的2口，是过去村民的饮用水源。村内现存古樟树2棵，古罗汉松、古桂花树各1棵。

周氏宗祠，平面为三间三进两明堂，占地面积约500平方米。前进采用四柱三楼牌坊式砖雕门楼，前进明间五架梁带前后单步梁，中进明间梁架为五架梁带前后单步梁，后进梁为穿斗式，前进与中进之间天井有1棵桂花树，后进与中进之间天井有1棵罗汉松，树龄均在400年左右。

逆光中的进士牌坊
兰溪市委宣传部供图

-ZHANG SHUSHANG-
-垷坦村-

1	3
2	4

埧坦村的古树和古建筑 _1
作者：张书山

老灶台与新灶台 _2
作者：夏沐妍

埧坦村古建筑 _3
兰溪市委宣传部供图

传统民居厅堂中的“东瓶西镜”（东平西静）_4
作者：陆盈睿、夏克梁

埧坦銮驾始于清道光年间，原有仁分和义分两套。过去每逢春节、元宵节都在厅上摆銮驾和精心制作的食品。銮驾包括龙亭、銮驾60副，雕刻《水浒传》人物、古代兵器等，还有人物故事天官赐福、八仙过海、三国英雄及飞禽走兽等，雕刻精细，栩栩如生。

1 2 3

渡渎村的章氏家庙 _1
兰溪市委宣传部供图

章氏家庙成为村里老年人的精神乐园 _2
作者：田甜

尚书石牌坊 _3
作者：张书山

02.13 渡渎村

渡渎村距女埠集镇 3.5 千米，属黄土丘陵地带，坐北朝南，甘溪河道从村北面背部自西向东穿越村庄流入兰江。渡渎村与白露峰、虹霓山村隔河相望。清同治年间分成东庄、西庄 2 个聚落，北宋宣和二年（1120 年），章氏始祖因避方腊之乱，由淳安迁徙至此，迄今已有 900 余年历史。

渡渎村为历史文化古村落，非物质文化遗产丰富，有龙灯、香鼎、木活字谱局等，古建筑中的石雕、木雕、砖雕是传统文化的积淀，也是历史资料的宝库。

渡渎村有余庆堂、章氏家庙、枫山故居、尚书石牌坊、徽士第、正心堂、诚意堂、衍六厅、恭敬堂、和贵堂等古建筑和古民居 100 多处。其中余庆堂为全国重点文物保护单位，章氏家庙为浙江省文物保护单位。

章氏家庙
Tian. 2023.10.02.

ZHANGSHUGHAN
2022 12 17

渡渎村的文化礼堂
作者：万丙礼

章氏余庆堂建于明洪武年间，全国重点文物保护单位，坐东朝西，是衍二公祖居，为兰溪市现存最古老的木构建筑之一，占地面积约 860 平方米，共三进一穿堂，三进均为悬山顶。前进面阔五间，进深为七檩，明间五架梁前双步，平身科斗拱为五踩重翘。中进面阔三间，进深为九檩，明间五架梁前后双步，月梁断面近矩形，两端梁头刻眉月状龙须纹，平身科斗拱均为一斗六升，各檩上雕刻花草装饰。

章氏家庙始建于明嘉靖年间，重建于清同治年间，为四合院式建筑，1992 年被公布为兰溪市文物保护单位，2005 年被公布为浙江省文物保护单位。中轴线上有门楼、前厅、正厅、后厅，两侧有厢房。正厅三间，通面阔 10.4 米，通进深 8 米，四周设围廊。明间九架前后双步廊，歇山顶，用材硕大，气势雄伟，雕刻精湛。门楼为明嘉靖石坊，歇山顶，两柱三楼。

1 3
2

书院学堂 _1
作者：田甜

渡渎村的枫山书院 _2
作者：张书山

渡渎村保存完好的古建筑 _3
作者：向俊

02.14 虹霓山村

虹霓山村位于白露山脚，是国家传统古村落和省级历史文化名村，始建于宋太平兴国年间，童氏始祖自睦州寿昌迁徙至此，繁衍迄今已有 1000 余年。村原名黄冈，亦名蟠龙山，因青山雨霁，阳光折射如虹霓，更名虹霓山村。村落随山势布局，其形如龟，南头北尾。

虹霓山村人口众多，历代以耕读传家，宋代即修建宗祠，屡经兴废。村内现存清同治、光绪年间重建的宗祠、民房 400 余处，马头墙、防火墙、青石门面鳞次栉比。其中，世美堂、亦政堂、积庆堂、崇本堂、景福堂等建筑中，木雕、砖雕、石雕戏曲人物、山水、仙鹤惟妙惟肖。村口大小池塘相连，殿口塘、中心塘用于防火、洗涤。村中有一口大井，红石井圈，据《黄冈童氏宗谱》记载，此井开凿于宋代，“日可供万人”。

虹霓山村内道路呈扇状分布，农田灌溉都依托白露山上的水坝，主要河道为甘溪，因水甘甜而得名，流域约长 2.5 千米。

作为进入女埠街道的西大门，虹霓山村沿甘溪建起一条长 1300 米的生态廊道，犹如一条彩虹缎带镶嵌在岸边，岸上是散步的人，岸边是潺潺流动的溪水，人与自然和谐共生。

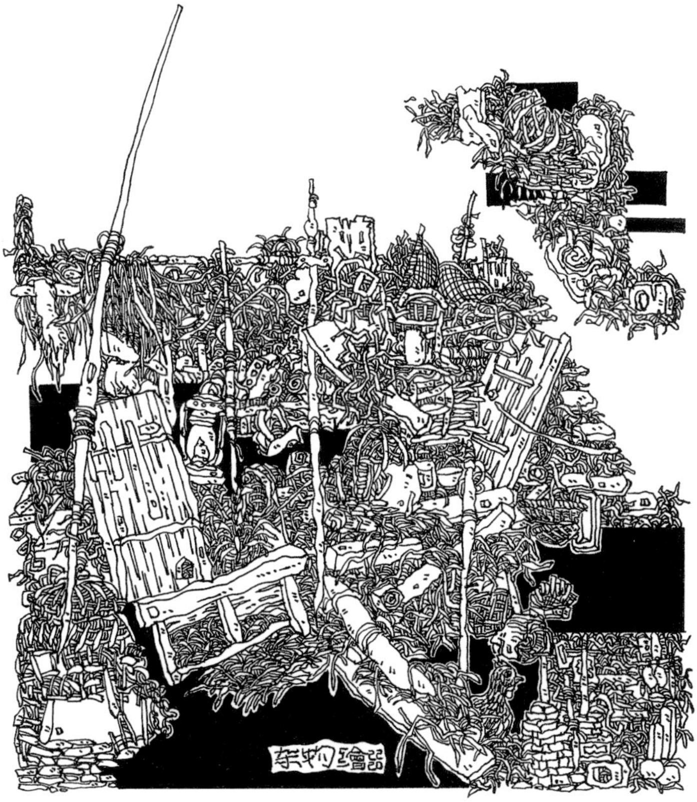

1 2
3

虹霓山村村口新建的标志物 _1
作者：向俊

村中的民居 _2
作者：夏克梁

杂物 _3
作者：袁华斌

虹霓山鱼鳞坝的网红桥
摄影：骆坚

1 | 2 | 3

姚氏家庙 _1
兰溪市委宣传部供图

姚村的古戏台和古井 _2
作者：张书山

姚村传统民居 _3
作者：万丙礼

02.15 姚村

姚村位于兰溪市郊，溪芝线上，毗邻殿山村、王畈洋、上叶村，村原名夏宅，后因大姓姚姓改名姚村。姚氏先祖在宋景炎年间由绍兴西迁于此。

姚村中的清代建筑以月塘水系附近的齐政堂、崇德堂、奉政第和古戏台为中心，依地势辐射分布。建筑都饰以粉墙黛瓦，清新秀雅。祠堂多用高大的牌楼式门面，门楣上多书写庄严之辞，如齐政堂书“瑞叶三斯”，崇德堂书“颂叶三斯”。“三斯”即“生于斯、长于斯、老于斯”，蕴含落叶归根之意。民居多有影壁，大门内墙设金鼓架，天井狭窄，楼屋高大，檐下木雕繁丽。

姚村错落有致的马头墙是一道美丽的风景线。村中保留着明清古建筑 81 处，其中民宅 55 处，祠堂、公厅、戏台 26 处。公厅、戏台都设飞檐翘角，梁柱上雕刻飞禽走兽、花鸟虫鱼、戏曲人物等。瀔溪从村中流过，其上架锁瀔桥、荷花桥等 6 座古桥。

ZHANGSHUSHAN

1 2 3

走在姚村的巷道中，不经意间就能发现建造精美的大户门头 _1
作者：万丙礼

村中的池塘 _2
作者：向俊

广场边上的普通人家 _3
作者：向俊

02.16 西姜村

西姜村位于水亭乡东南 1 千米，水亭乡在伊山西面，姜姓聚居，故名西姜。西姜村下辖西姜、经堂 2 个自然村，村民委员会驻西姜村。村西北高处有一座库容 16.36 万立方米的水库。村民以珍珠养殖和水稻棉花种植为主业。

西姜村是三国名将姜维后裔聚居地，始祖为姜维第三十六代裔孙，于元贞元年间到西姜定居，经明、清两朝，营建成村落。

全村分 14 个分支：仁、慈、和、惠、恭、壮、敏、孝、友、贤、良、俭、让、宽。每个分支存有单幢或多幢体式明清民宅，青砖灰瓦马头墙，古风依然。

西姜村坐落于龙山之上，轮廓像一条龙，村中两口井谓之“龙眼井”，一口池塘谓之“龙口塘”。

西姜村坐东面西，占地 12.6 万平方米，东北高，西南低，垂直高度 19 米，建筑以最高处为基点向西辐射，呈扇状分布，村中 16 条纵向小巷为扇骨，宗族公共建筑、各分支公房和民居沿坡度阶梯排列构成扇面。村落格局之奇、布局之妙，国内罕见。姜维后人为感谢诸葛亮对祖先的知遇之恩，将水亭乡西姜村、横塘村、姜皮村，游埠镇下王村，永昌街道姜村、毛沿口村、姜坞底村 7 个村落布局成北斗七星的形状，“庇护”诸葛村（即诸葛八卦村）。

坐落于村西南的西姜祠堂（即孝思堂）建于明隆庆、万历年间，占地 3067 平方米，中庭建在近 1 米高的两层青石台基上，五开间，九脊歇山顶，大梁用材巨大，是典型的肥梁胖柱式建筑，2013 年被列为全国重点文物保护单位。

存义堂坐落于村东北，建于明嘉靖三十四年（1555 年），占地 515 平方米，前后三进，青砖门楼，厅堂高约 6 米，柱粗需 2 个成年人双手合围。天井四周饰有雕刻精美的牛腿。

西姜村存义堂 _1
兰溪市委宣传部供图

西姜村孝思堂 _2
兰溪市委宣传部供图

古民居一角 _3
作者：周锦绣

1 2 3

西姜新农村景象 _1
兰溪市委宣传部供图

民居中的瓶瓶罐罐 _2
作者：夏沐妍

带小尾巴的汤圆 _3
作者：胡其梅

带小尾巴的湯圓
金华兰溪特色汤圆，形状似
圆球，又多一个尾巴，有团圆
和富余之意，既象征团
团圆圆又表示年年有余。
2020.HUQIMEI

02.17 长乐村

从兰溪市诸葛村往西走 1000 多米，有一个至今仍保存着 300 多间元、明、清古建筑的庞大村落：长乐村。这里是金华的西大门，也是全国首个作为整体纳入重点保护单位的村落。

长乐村历史悠久，原名上坑庄。元末，朱元璋攻打浙中，率军途经上坑庄，屯兵月余。他见此地民风淳朴，由衷感叹道：“此实常乐之村也！”“常乐”之名后演变为“长乐”。

长乐村的元、明、清古建筑中，有 127 座被列入全国重点文物保护单位。这些建筑格局奇特，有“门朝北开、厅在楼上、塘成日月、井布七星”等反映当时历史文化的景观。全村的宗祠大屋、新旧民居都坐南朝北，大门一概朝北开。其中最出名的是金大宗祠和象贤厅。

2
1 3

金大宗祠距今已有 400 余年历史，目前保存完好 _1
作者：向俊

金大宗祠正立面 _2
作者：向俊

牛腿 _3
作者：杨璐璐

金大宗祠位于村东侧，建于明万历三十三年（1605 年），为纪念宋元理学大儒金履祥而建，距今已有 400 余年历史。宗祠内悬挂着金履祥的画像，供奉着金氏历代祖先及族内有名望者。

金大宗祠是长乐村金氏家族的总祠，地位极高，结构考究，整体布局呈“回”字形。门楼气势恢宏，上悬“百世瞻依”匾额。门前设一对青石抱鼓。正厅用料粗大，前面做成门楼式，用斗拱出跳，飞檐翼角，端庄大方又不失活泼。

象贤厅前后分为四进，第一进门厅正中做门楼，密密的斗拱层层出跳，颇有节奏感；第二进建筑内设戏台。

金大宗祠入口的门廊，气势恢宏
作者：宋子良

象贤厅最有特色的是门楼与廊檐上的七踩斗拱。不同于通常所见方方正正的托脚斗拱，象贤厅的斗拱都有数道曲向向上的外翘，在头首之处更是挫出粗壮起挑，犹如卷曲的象鼻。

象贤厅的望云楼建于元代至正年间。底楼是厨房和杂物间，较为简朴；楼上的厅堂宽敞华丽，整体木构架简洁明快，雕刻的花纹线条流畅，是典型的徽派木雕样式，被清华大学、浙江大学的专家学者誉为“江南黄金屋”。

直到今天，象贤厅依然是村中戏曲表演的舞台，其正门外木板门框上有一小牌，上书“农民戏苑”。

牌坊和照壁也是长乐村古建筑群的亮点。

进士木雕牌坊由明成化乙未科进士金盛奉旨修建，建于明成化十一年（1475 年），建筑雄伟，飞檐斗角，凌空挺立，上有“圣恩”竖匾，下有“进士”横额，背面有“登科”横匾，雕刻玲珑，可惜于 1968 年失火被毁，现只留半座。

1 | 2 | 3

象贤厅 _1
摄影：夏克梁

象贤厅内的古戏台 _2
作者：田甜

象贤厅内的天井 _3
作者：陆盈睿

T.T.
2022.11.29

节孝牌坊建于清雍正八年（1730年），是为邑庠生金世悦之妻张氏而立。金、张夫妇恩爱，生有一双儿女。然而丈夫28岁时不幸病故，张氏26岁守寡，孝事翁姑，哺育儿女，为世人所敬佩。邑令奉旨给银，建牌坊旌表，题额『节孝』。建于清雍正年间的照壁，又称照墙，前有节孝牌坊，后有进士牌坊，民间为避进士观寡妇之嫌，筑此照壁隔断。此照壁高7.05米，长10.32米。

1
2 3

半月塘畔的照壁及节孝牌坊 _1
摄影：夏克梁

充满生活气息的过道 _2
作者：夏沐妍

柱子上的油灯架 _3
作者：宋子良

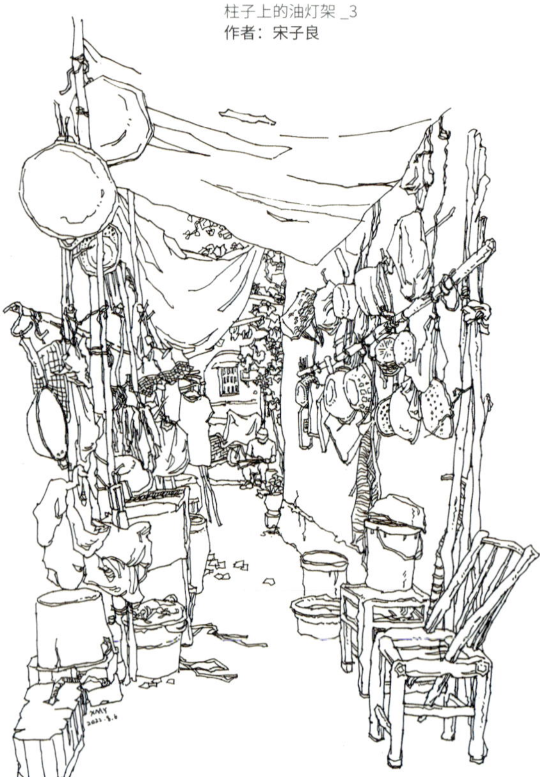

长乐民居
摄影：夏克梁

02.18 天福山历史文化街区

天福山历史文化街区位于兰溪历史文化名城的核心保护区内，为国家首批历史文化街区，是兰溪历史文化名城保护中的重要内容。该街区南至云山路，东、北至延安路，西至解放路，占地面积 11.49 公顷，因内有天福山而得名，以商埠码头、城垣防御、商业店铺和明代至民国传统民居建筑为主体。

该街区紧邻兰江，自兰溪建县以来，一直是兰溪县城内的主要商业地带，充分体现兰溪地区明代至民国的商埠、医药、民俗文化。

街区内集中了兰溪市区最主要的文物古迹，是兰溪市保存最完整、规模最大的历史地段。街区内有兰溪城墙及码头、药皇庙、章郭巷 9 号民居、钱业公所 4 处浙江省文物保护单位，转虹桥巷民居、金文安公祠、隆礼巷古栈房、章懋故居及右巷 1 号和 6 号民居、双眼古井、广慈医院旧址、告天台、城南古巷、中共兰溪地下县委旧址、蔡氏民居、徐氏宗祠、胡氏民居 12 处兰溪市文物保护单位，此外还有大量传统民居及文物登录点。

1 2 3

老街区吆喝的修伞匠 _1
作者：夏沐妍

天福山区域的古城门 _2
作者：向俊

天福山保存完好的传统民居 _3
摄影：夏克梁

天福山人杰地灵，古有浙东学派中坚金履祥，明代内阁首辅赵志皋，明代学者胡应麟，明代吏部尚书、刑部尚书、兵部尚书唐龙，明代翰林编修章懋等，今有人民英雄陈薇将军等。

兰溪市响应国家号召，本着全面规划、重点保护、局部修复原则，对天福山历史文化街区内重点文物保护单位及其周边历史建筑所形成的建筑群落与环境进行保护、整治，改善居民生活条件，并有计划地拓展城市公共空间的功能，为历史地段注入新的活力。

1 2 3 4

杂货店 _1
作者：陈世康

告天台 _2
兰溪市委宣传部供图

双眼古井 _3
摄影：夏克梁

小笼包 _4
作者：胡其梅

1 | 2

传统民居也是画家眼中最好的表现素材 _1
作者：宋子良

杂乱的巷道 _2
作者：夏克梁

王家村

Achievements of New Rural Transformation : Wangjia Village

新农村改造成果——

王家村鸟瞰
摄影：陆伟

“新农村改造成果”——王家村①

兰溪市黄店镇王家村地处省级风景名胜区白露山南麓，距城区 14 千米，区域面积 1.58 平方千米，有耕地 0.37 平方千米，森林 0.72 平方千米，下辖王家村、白露山脚村、周家磡头村 3 个自然村，居民 297 户 1031 人。

王家村自然资源优越，人文底蕴深厚，有“花海白露，康养王家”之美誉。近年来，王家村践

① 本文参考了朱良丰《浙江省兰溪市黄店镇王家村：践行“两山”理念，走共富之路》一文，人民论坛，2022 年 12 月 30 日，https://finance.sina.com.cn/jjxw/2022-12-30/doc-imxynarf2662733.shtml。

行“绿水青山就是金山银山”理念，致力于乡村振兴，通过不懈努力，建成集山水观光、农旅融合、休闲康养于一体的和美王家村。王家村先后获评全国乡村治理示范村、省级休闲乡村、省农家乐集聚村、省 AAA 级景区村庄、省职工疗休养基地、省森林人家、省美丽乡村特色精品村，是兰溪市首个乡村振兴示范村。

王家村的卢氏宗祠
作者：张书山

壹

致力环境整治，建设美丽乡村

近年来，王家村实施“五水共治”“三改一拆”，先后拆除 18 个养猪场及 90 处一户多宅、乱搭乱建、危旧等建筑共 1.3 万平方米。及时清运拆后废渣，美化提升拆出的村内空地，建设绿化带、小花园，建起村民服务中心，硬化美化主干道，修筑村内游步道，建设 3 个文化广场、3 座公共卫生间，结合农田灌溉引水进村，整治 8 个门口塘，实现流水循环，确定了古建筑群保护范围，鼓励家家户户种花种草，创建美丽庭院。2019 年，拆除 78 户简易棚、附房 4200 平方米和主干道两侧 55 户围墙 3700 平方米。2019 年 9 月，兰溪市首个乡村振兴示范项目落户王家村，镜潭瀑、儿童乐园等 28 个设计节点及村投资的卢氏宗祠（民俗馆）、古戏台、农家乐广场等项目相继建成，尤其是特色夜景别具一格，吸引众多游客驻足观赏，为建设美丽乡村奠定了坚实基础。

王家村的新环境
作者：张书山

王家村几乎家家住“别墅”
摄影：夏克梁

曾经杂乱肮脏的场景不见了，处处是精心设计的小景观
摄影：夏克梁

家家户户都养花
作者：夏沐妍

贰

创新乡村治理，助力乡风文明

在建设美丽乡村的同时，王家村高度重视乡风文明建设，建成“一站式”办事服务中心，创设党员联系户、网格化管理等服务机制，及时帮助村民、游客及业主解决难事急事、大事小事。王家村试行村务协商，2019 年 11 月起，聘请 15 名乡贤和能人组建智囊团，先后 10 次就美丽乡村建设、民宿农家乐发展等村民普遍关注的问题，组织参事议事、建言献策，社会反响强烈。为使民风适应业态发展，王家村还力推“乡风革命”，强化村民自治，探索用“土办法”改变村民旧观念、旧习惯。2020 年 3 月，修订《村规民约》，制定《村规民约十条》，设立“福分制”，设置“福气奖”。把《村规民约》印成小册子，发放到村民家中，将《村规民约十条》装入镜框，悬挂到每户堂前，每月考评赋分及时公布，年终按得分评选乡风文明家庭并给予相应奖励。2020 年 7 月，王家村组织最美家庭、最讲奉献家庭等先进代表评比活动，在“乡风革命”晚会上表彰得奖者。2021 年，开展美丽家庭示范村创建活动，首批 10 户被树为镇、村模范典型，示范引领作用日益凸显。

这是村子尽头最普通不过的一户人家
摄影：夏克梁

王家村的自然景观，非常适合旅游度假
作者：向俊

王家村的环境得到了整治，传统民居前后非常整洁
作者：陈世康

一到晚上，在灯光的照射下，这里便成了一道亮丽的风景
兰溪市委宣传部供图

叁

建设休闲乡村，推进共同富裕

2019 年 10 月，王家村成立两家旅游公司，创建“村集体＋酒店管理＋旅行社＋农户”模式，发动村民打造 18 家“白露有约”农家民宿（共有床位 151 个）和 5 家农家乐特色餐饮店铺（共有餐位 420 个），“白露有约”农家民宿实施公司化统一管理运营。同时，王家村加大村集体经济壮大力度，村集体争取上级政策支持，先后投资 600 万元建成 10 栋果园小木屋、1 个面积 200 平方米的接待工区，投资 550 万元建成面积 2000 平方米的青年公寓项目，与兰溪市文化旅游发展集团有限公司共同投资 2000 万元建设水玻璃滑道、悬崖秋千、网红桥等项目，引进乡贤投资 1000 万元，建成高端民宿项目，目前，这些项目均已组织试运营。

村中的开元颐居酒店
摄影：夏克梁

村中的体育健身设施
摄影：夏克梁

旅游带动了全村的经济发展
作者：陈世康

老房子改造成茶室
摄影：夏克梁

生活富裕了，对生活品质也有更高的追求
作者：张贝贝

为吸引游客，王家村旅游公司主动走出去，到杭州、湖州、上海、南京等地对接市场，与上海两家大型旅游公司签订游客长期引入协议，同时用好浙江省职工疗休养基地金字招牌，积极吸引机关企事业单位职工到村疗养。在长期努力下，王家村平时游客络绎不绝，节假日更是熙熙攘攘，休闲乡村效应显现。2022 年，接待游客达 41.86 万人次，全村旅游总收入达 850 万元。全年民宿接待量 8850 人次，总收入达 327.81 万元。乡村旅游发展也带动了村民增收，全村小摊点、小卖部、小吃店等增加了 16 家，许多村民实现在家里、在村内公司上班，老爷爷、老奶奶们也在家门口支起摊位，吆喝售卖当地土特产。

肆

突出农业休闲，发展特色经济

一是围绕土特产做文章。王家村依靠坡地资源，引导村民种植白枇杷、柑橘、杨梅等名优农产品和玳玳、芙蓉、杭白菊、紫苏等中药材，其中，白枇杷有 1000 余亩（约合 0.67 平方千米）、玳玳 110 余亩（约合 0.07 平方千米），发展采摘业态。每到枇杷成熟的季节，游客蜂拥而至，体验乡村生产生活，这也带动了土鸡、土鸡蛋、土蜂蜜、有机蔬菜等农产品的销售，农产品一时供不应求。

二是注重发挥休闲特色。王家村发动村民建立经济合作社、家庭农场、土制酒坊、有机蔬菜种植采摘园等多处农村生产生活休闲体验场所，建设 10 个创客空间，游客在其内参观、互动体验，2021 年 4—6 月，创客空间组织了 8 期研学活动。开通甘溪绿道、玉带崖上游览道，将田园观光、休闲康养有机结合。

除了种植农作物，养鸡养鸭也是致富的有效途径
作者：向俊

王家村有很多良田，也有很多果树
兰溪市委宣传部供图

玉米
作者：胡其梅

满满的收获
作者：胡其梅

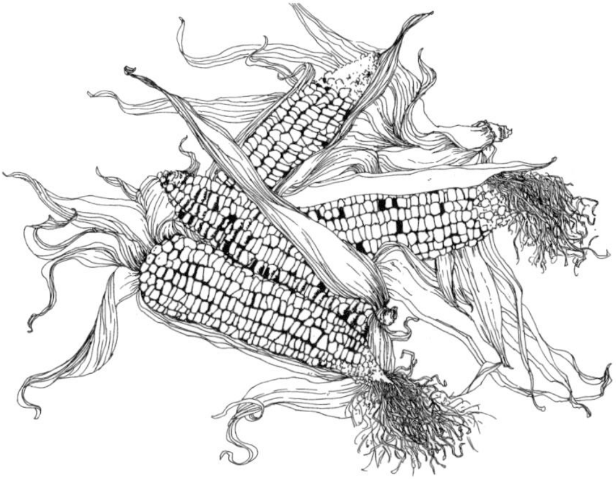

成熟的玉米不但好吃，如果将其悬挂进行晾晒，也是村中的一道景观
作者：胡其梅

三是积极组织民俗活动。2020 年 1 月，王家村白露山脚村组织了为期 3 天、声势浩大的“兰溪銮驾”“猪羊会”非物质文化交流活动，参加活动及观摩人数超过 10 万人。

四是加快休闲乡村项目建设。王家村积极申报项目筹措资金，先后为古戏台配置灯光音响及 LED 屏，建设小木屋文娱室、瑜伽馆、图书阅览室、村民美食制作移动房、农事体验场、休闲活动中心、土特农产品展示室等，组织推进民宿网上平台项目。

五是加大培训力度。王家村多次组织枇杷管理、中药材种植、特色美食制作、民宿管理、康养服务等方面的培训，学员们到磐安、台州等地观摩，村民的服务意识、服务水平明显提高。王家村“白露有约”康养基地成为上海、杭州等地老年人的康养好去处。

体验采摘活动
作者：向俊

收入增加了，村民的居住条件也得到了改善
摄影：夏克梁

02.19 游埠老街

游埠是一座有千余年历史的古镇。据《兰溪游埠镇志》，在唐咸亨五年（674 年）兰溪建县以前，地处衢江和游埠溪交汇口的贸易集散地就得名游埠，意为龙游县下游的商埠。唐朝初年，游埠已建有码头，是浙、赣、闽、皖交界处重要的商埠，有“钱塘江上游第一埠”的美誉。明代以前，游埠建有前街埠头、大街桥埠头、白鹭园埠头、柴市桥埠头、杀狗弄堂埠头、猪行桥埠头、双溪埠头、太平桥埠头等埠头。到明清时期，此地店铺林立，商贾云集，兴盛繁华。

1 | 2 | 3

游埠街头 _1
作者：向俊

游埠老街上具有年代感的建筑 _2
作者：向俊

老街临水，曾建有多座埠头和桥梁 _3
作者：向俊

游埠有两条古街，一条前街，一条后街。前街现称中山街，长 570 米，宽 5 米；后街现称解放街，长 520 米，宽 5 米。两条古街沿南北方向平行，一条东西走向的横街联通两条古街，整体呈“H”形。前街建筑年代较早，砖木结构的楼房井然有序，均为商铺或手工作坊。前街街面原为鹅卵石铺砌，后改为石板铺设。后街建筑年代稍迟。后街近游埠溪，溪上保留着清代所建的永济桥、永福桥、永安桥、太平桥、潦溪桥，人称“五马归槽”。两条古街的建筑比较完整地留存了明清时期的建筑风格，马头墙、吊脚楼、青石板，一些老店的字号仍清晰可辨。解放街上分布着许多早茶铺，因此又称早茶街，转弯处可见一面“江南第一早茶”旗帜。

如今，这里名人展馆、传统作坊、杂货商店在老街上排列；早茶馆、小吃店、特产店、酒吧咖吧、民宿客栈一应俱全。

游埠地理位置优越，“门接三衢，途通百越”。水运兴盛的年代，这里四方商贾会集，茶楼酒肆遍布，熙熙攘攘，热闹非常，茶馆是南来北往的商人交流“情报”的好地方。随着陆路交通的发展，跑船的商人越来越少，商埠繁华不再，但吃早茶的风俗却被传承下来。

	2
1	3

游埠老街店铺林立 _1
作者：张书山

早茶是游埠老街的最大特色 _2
作者：张书山

在老街能找到兰溪各式各样的小吃 _3
作者：张书山

清晨的游埠老街热闹非凡
摄影：夏克梁

年古镇
指头酥饼
（原味）
电话:15167973047
清朝馄饨

1 | 2

游埠老街的十字路口，是老街最繁华的地段，其热闹程度不亚于城市的商业步行街 _1
作者：向俊

密密麻麻的遮阳布，是游埠老街的一大景观 _2
作者：夏克梁

2022.9.15

游埠老街的早茶铺，每一家都在门前屋檐下摆出长桌，每桌配一两张长凳或两三张方凳，人们脸对脸，背靠背，吃早茶。

老街上的铺子大多卖吃食：豆浆、稀饭、包子、油条、馒头、发糕、馄饨、水饺、面条、粉干……各地早点应有尽有，仅饼类便有烧饼、酥饼、麦饼、煎饼、葱花饼、干菜饼、雪菜饼等，还有兰溪的特色吃食如鸡子馃与肉沉子等。据说兰溪有数百种风味小吃，在老街上就能找到上百种。

1	3
2	4 5

主街以早茶店、特色小吃店为主，次街则多为竹编器物店、杂货店等 _1
摄影：夏克梁

老街的咸汤圆 _2
作者：胡其梅

早茶 _3
摄影：夏克梁

油条、豆浆与肉大饼 _4
作者：胡其梅

次街上到处可见手工编制的产品 _5
作者：陈世康

吃食丰富，主角仍是茶。食客面前大都摆放着茶杯。茶杯造型各异，并不都是商家提供的，很多老茶客是自己带杯子来，讲究些的甚至连茶叶都自己带，他们往往有自己固定的座位，一坐就是几个小时。

汽车普及之前，水运是经济便捷的出行方式。在浙江的水路交通网上，兰溪是一大枢纽，号称『七省通衢』，溯江而上可至衢州，进入闽、赣，顺江而下可至杭、嘉、湖，进入太湖流域，每日都有上千艘船舶靠岸。这些船舶中有一大部分将逗留于游埠，等装货，等卸货，等送客，等接客，等起风，等涨潮……总不能干等吧，于是抓一把花生，泡一壶粗茶，这一等便等出传承了几百年的吃早茶风俗。

02.20 永昌老街

永昌老街位于金华兰溪，是全市保存较为完好的古街之一，现存建筑绝大多数是明清时期所建。2006 年 6 月，永昌被列为浙江省省级历史文化村镇。

“先祖居汴梁河南巩县永昌之地，厥后徙于衢州，婿于兰溪徐氏，卜居此地，故名永昌，谓其地久天长、子孙永远蕃昌也。”明代万历年间，永昌人赵贤佐在《永昌记》一文中记述了永昌得名的来历。永昌是赵匡胤之弟赵廷美第七世后裔迁入后形成的村落，明清时期由于水陆交通便捷，成为古兰溪县主要的集市之一，会集了大量徽商并建有会馆，至今老街还较完整地保存着当时的风貌，可见当时商贸发达、店铺林立的盛况。

2
1 3

保存完好的永昌老街 _1
摄影：夏克梁

老街上的古戏台，至今还发挥着它的作用 _2
摄影：夏克梁

昔日的老街依旧繁华和热闹 _3
作者：周锦绣

永昌老街基本保持原有的格局和功能。东西向主街长约1000米，宽四五米，整个街区占地面积约1.5万平方米，整体风貌保存得较为完好。街区两侧有多条里弄向外辐射，布局呈“丰”字形。街区内有双溪贯穿而过，既为居民商户提供生活用水，又用于交通运输、消防、排污。主要巷道有左右街、横街、水坑沿、西头掘（李山里）、廓背路、牛市巷、鹅市巷、樟林巷、六口塘沿、桥西巷等。东头掘有一排塘。明万历年间赵贤祖《永昌排塘记》云：“邑之市镇，永昌为最，镇之池水，排塘为最，塘在中心，上下二湖通流旋绕，左连上堰，右接双溪，前遵大道，后附民居，有似乎排塘，故名也。”

| 1 | 2 |

老街至今仍旧商铺林立 _1
作者：万丙礼

如今的老街仍是集商住于一体 _2
作者：万丙礼

1	3
2	4

街头的店铺 _1
作者：张书山

目前老街仍有传统肆坊百余家 _2
作者：周锦绣

门前的摊位 _3
作者：夏沐妍

老街尽头的永昌桥 _4
作者：张书山

XMY 2022.10.29

老街上现存古建筑有石坊、拱桥、梁桥、水阁楼、店铺、作坊、民居、宗祠、会馆等，集商住于一体。厅堂建筑有吴氏花厅、郭背路 26 号花厅、李氏大厅、崇德堂等。商铺鳞次栉比，传统肆坊百余家，如琪记李山号打铁店、德济堂药店、篾业生产合作社、永裕酱坊、铁器店、酱油店、酒坊等。小巷深处则分布了民居、宗祠、寺庙、会馆等建筑，如太尉殿等。老街东西两端各立牌坊一座，分别是清乾隆五十九年（1794 年）诸葛氏节孝石坊和清乾隆四十七年（1782 年）章氏族石坊。溪上有石拱桥，以及 20 多间相连的水阁楼，总长 40 余米。小桥流水，水榭倒影，江南水乡，都市集镇，恍若一幅《清明上河图》。

1 2

巷道中的铁匠铺 _1
作者：魏学锐

老街背后的普通人家 _2
作者：向俊

02.21 女埠老街

女埠老街傍江而立，南北直贯千余米，街道宽二三米，清末民初时为鹅卵石铺面，后改用青石板，下水阴沟分流入江与塘。巷弄临街而设，呈“非”字形布局，商店、作坊杂陈其间。抗日战争爆发前，建筑多为两层木结构，彼此对峙，楼上有走马廊，左右两檐廊架有竹帘，冬暖夏凉。店门多采用敞开式的木料排门，排门长度视面宽而定，每块宽约 0.3 米，早开夜闭，由学徒、伙计负责；也有采用石库门面的，如德育堂药店、公和腿栈（腿栈指腌制火腿的作坊）、丰美酱园等。1941 年，此地遭日机轰炸，繁华路段的百余间营业用房、货栈、作坊等被炸毁，沦为废墟。日军占领期间，当地人多逃往山中，街市萧条冷清。1945 年，抗日战争胜利后，市容更新，道路拓宽，店面重新装饰，贸易又趋繁荣。

女埠老街全长约 1.4 千米，由上街和下街组成，在兰溪现有古街中风貌保存最好、体量最大，2013 年被列为浙江省文物保护单位。形制别致的牌楼上有一副对联，上联“平川平和平安安居乐业”，下联“门楼人流车流川流不息”，横批“下街平川”。

老街古物与故事多多，其古老不只是年代久远，更是文化的经久传承。

1 2

如今的女埠老街没有了昔日的繁华，而多了几分寂静 _1
兰溪市委宣传部供图

老街曾经热闹过 _2
作者：周锦绣

1 2 3

传统老街都是特定时期的商业步行街，都曾热闹、繁华无比 _1
作者：周锦绣

早茶是兰溪地区特有的景象，在一般的老街上都能看到 _2
作者：陆盈睿

老街的小商铺 _3
作者：夏沐妍

非遗文化资源可以说是兰溪的又一张名片。兰溪依托深厚的文化底蕴和丰富的民俗风情，近几年在推动非遗保护传承方面进行了积极探索，成效显著，拥有各级别非遗项目145个。其中，国家级4个，省级7个，金华市级53个，兰溪市级81个。

兰溪非物质文化遗产

03

1 2

兰溪至今还保留着很多传统习俗及优秀的非物质文化遗产 _1
摄影：何可人

雀替 _2
作者：陆盈睿、夏克梁

03.1 龙舞（兰溪断头龙）

龙舞（兰溪断头龙）是流传于浙江省兰溪市水亭畲族乡的一种民间舞蹈，于 2008 年被列入第二批国家级非物质文化遗产名录，又称“耍龙”“舞龙灯”。兰溪断头龙起源于江西玉山地区，清末民初传入金华地区，在兰溪市水亭畲族乡广为流传。其起源与一则民间传说有关。相传有一年大旱，龙王违抗玉帝圣旨，给百姓降雨，获罪被斩，身首分离。百姓感激龙王救命之恩，为表纪念，每年春节、元宵，请出所祭龙头，与扎制的龙身合一而舞，以示祭奠。

据中国非物质文化遗产数字博物馆的资料，兰溪断头龙的特点是头身分离，整条龙由龙珠、龙头和七节龙身组成。龙头和龙珠可单独表演多套高难度的技巧动作，龙身每换一个阵图，龙头和龙珠就舞出一个套路。龙头、龙珠和龙身中可点燃红烛，夜间起舞时光影闪烁、色彩斑斓。近百年来，兰溪断头龙在传承中不断发展创新，形成“双元宝”“金瓜棚”“八仙跌”等 20 多个套路，后来又出现“单龙变双龙”的尝试。

龙舞（兰溪断头龙）承载着百姓对龙王恩德的感念，舞出了百姓的哀思，舞出了丰收的祝福，是历史积淀的产物。随着城市化进程的加快，龙舞（兰溪断头龙）的生存空间日益缩小，传承艰难，后继乏人，亟待抢救保护。

1	2
	3

兰溪断头龙 _1
兰溪市委宣传部供图

兰溪断头龙被列入国家级非物质文化遗产名录 _2
作者：许一贤

兰溪断头龙的特点是头身分离 _3
作者：陆盈睿

03.2 兰溪摊簧

兰溪摊簧是一种古老的坐唱曲艺形式，形成并流行于浙江省中西部兰溪地区及金华和衢州等地，于 2006 年被列入第一批国家级非物质文化遗产名录。兰溪摊簧文辞典雅，演唱讲究字清腔纯、字正腔圆，表演者多着长衫，举止文雅，人称“摊簧先生”。

关于兰溪摊簧的起源，有这样一则传说。清乾隆末年，一名官差于公务之暇在兰溪召集商贾子弟传授由江苏传来的摊簧曲调，以兰溪当地方言演唱，借以消遣自娱，久而久之，逐渐形成自成一派的兰溪摊簧。

抗日战争时期，民间艺人游走乡野躲避战乱，兰溪摊簧随之传入兰溪周边永昌、诸葛、游埠等地。

过去，兰溪摊簧表演形式为坐唱，表演者六到九人不等，围坐在桌子四周，演奏各种乐器。所奏乐器与行当基本对应，如唱老生（包括净）的弹弦子，唱小生的吹笙，唱旦角的弹琵琶，唱丑角的敲撞铃，唯有鼓板和主胡不对应具体行当，主唱者不兼奏乐器。

改革开放以来，兰溪摊簧表演形式不再拘泥于坐唱，逐渐发展出单人演唱、双人演唱、演唱加伴舞、唱腔加快板等形式。表演时，用两张八仙桌拼成一张长方形桌，披上桌围，其上摆放两盏琉璃灯，桌面中央有珠砌摆设，桌旁置椅子若干；演唱者围坐于桌子周围，主唱者手持黑色纸扇、醒堂木，附唱者手执乐器。

随着经济社会的发展，人们的文化消费方式发生了转变，很多古老曲种走向消亡，兰溪摊簧也不例外。兰溪摊簧对脚本、叙事、唱腔的要求较高，表演技艺性较强，演唱者须具备一定的功底和素质，这给创作、表演和普及增加了难度，目前兰溪摊簧传承乏力。兰溪摊簧传统曲目多是艺人口传心授，由于年代久远，文字、录音、图片等资料均残缺不全。兰溪摊簧如何传承发展，是一个严峻的问题。

1　2　3

摊簧是一种古老的坐唱曲艺形式，被列入第一批国家级非物质文化遗产名录 _1
作者：陆盈睿

如今的摊簧也不再拘泥于坐唱，可以是单人演唱、多人演唱等多种形式 _2
作者：许一贤

舞台上的摊簧 _3
兰溪市委宣传部供图

03.3 诸葛后裔祭祖

诸葛亮是三国时期杰出的政治家、军事家。千余年来，诸葛亮的品德、谋略、智慧和才能可谓家喻户晓。

三国蜀汉丞相诸葛亮第十四世孙诸葛浰于五代后唐时任寿昌县令，其子诸葛青迁居兰溪砚山下，至第二十七代孙诸葛大狮择居高隆，时在元末，定村名为诸葛村。整个村庄在设计、布局上按祖制九宫八卦展开。为纪念先祖诸葛亮，村民建造了大公堂、丞相祠堂，每年举行隆重的祭祀仪式。

据《高隆诸葛氏宗谱》，明世宗为河南南阳忠武侯庙作《敕赐忠武侯庙规祭文祭品》一文，其中有“春祭用次丁日，秋祭用八月二十八日”的规定。

从明代开始，诸葛村即依此礼来祭祀诸葛亮。1996 年，兰溪市策划诸葛村民俗风情节，数百名诸葛亮后裔举行了隆重、庄严的祭祖活动。

诸葛后裔祭祖在祭堂布置、祭品陈列、祭祀程序、祭文撰写和诵读、祭礼服饰、音乐及祭后迎会等方面都有严格规定。春祭于农历四月十四日在大公堂举行，祭的是诸葛亮躬耕像；秋祭于农历八月二十八日在丞相祠堂举行，祭的是诸葛亮丞相像。

祭祀程序为：

（1）大典开始；
（2）肃立、起乐；
（3）升炮；
（4）内外执事者进三揖；
（5）引陪祭者就位；
（6）引从祭者就位；
（7）行礼参拜，跪、叩首、再叩首、三叩首、兴；
（8）行降神礼，主祭者诣香案前，跪、上香。程序包括初上香、亚上香、三上香，斟酒、酹酒、献祝帛、兴、平身、复位；
（9）乐以迎者，主祭者诣神位前，行献礼、跪、俯伏；
（10）执事者告天祭酒，一揖、灌酒，再揖、复位，放爵、献茶，献爵（三献），进炙肝，奉馔，进汤，奉食，点茗，兴、平身、复位；
（11）示训：示训者诣示训厅，宣读《诫子书》，肃静、跪、俯伏、听宣、兴、平身、复位；
（12）乐以颂神，舞以颂神；
（13）行读祝礼：主祭者诣案前，跪、俯伏、止乐。读祝者诣读祝厅，跪，宣读祭章，读祝者兴，主祭者亦兴，平身、复位；
（14）行辞神礼，主祭者诣香案前，跪，乐以辞神，歌以辞神，焚帛，焚祝文，与祭者同辞，跪、叩首、兴、礼毕；
（15）鼓乐齐鸣，升炮，退班，礼成。

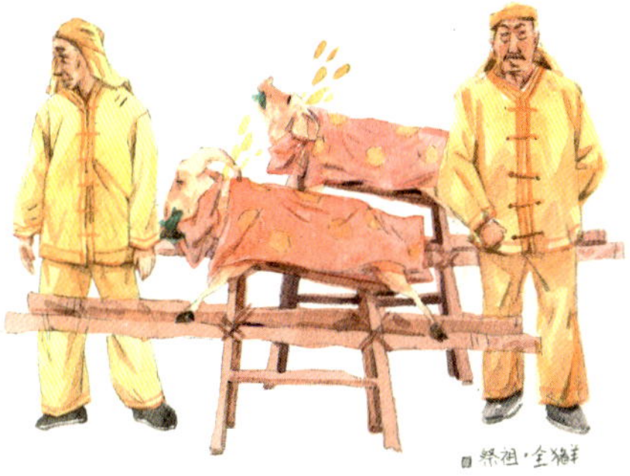

1 | 2 3 | 4 5

在诸葛村，诸葛后裔每年都举行隆重的祭祀仪式 _1
兰溪市委宣传部供图

祭祖队伍 _2
作者：陆盈睿

祭祖用品——全猪羊 _3
作者：陆盈睿

祭祖时用的双香案 _4
作者：陆盈睿

身着祭礼服饰的工作人员 _5
作者：陆盈睿

1 2 | 3

诸葛后裔祭祖巡游 _1
兰溪市委宣传部供图

祭祖巡游至钟池旁 _2
兰溪市委宣传部供图

诸葛后裔祭祖读祭文 _3
兰溪市委宣传部供图

武鄉保
武鄉保

03.4 婺州传统民居营造技艺（诸葛村古村落营造技艺）

1 | 2

诸葛村古建筑的营造技艺高超，建筑精美 _1
作者：王俊波

民居建筑中雕刻精美的构件 _2
摄影：夏克梁

诸葛村古称高隆村。元代时，诸葛亮第二十七世孙诸葛大狮认为祖居葛塘环境格局不大，子孙不能发达，于 1340 年前后找到地形独特的高隆岗，从王姓人手中购得土地，亲自规划。明朝中叶，诸葛氏族子孙繁衍，经济富裕，建房日益增多，村落越来越大，但总体格局一直不变。

清康熙、雍正、乾隆年间，诸葛氏族因善于经营，财富积累迅速，一时间大厦、厅堂、楼阁遍地开花。据统计，当时大厦有 200 多座，两进、三进、五进厅堂 18 处，庙宇 4 处，石牌坊 3 座，花园别墅 2 处，建筑环绕十八厅堂，鳞次栉比。到清末民初，居住群落初步形成。20 世纪 40 年代，村内商业中心由旧市路迁移至上塘附近，营造者在上塘四周和下塘两面水塘中打木桩、砌石条，用木料营造风格独特的水上阁楼。至此，诸葛村民居民宅建筑由两幅相连的八卦图组成，被 8 座小山环绕。

诸葛村古建筑群依九宫八卦结构设计，背山面水，景观奇特。整个村落以钟池为核心，8 条小巷辐射，形成内八卦。村外 8 座小山环抱，形成天然的外八卦。该村古建筑错落有致，巷道纵横，结构精巧，有“青砖灰瓦马头墙，肥梁胖柱小闺房”的建筑风格，被誉为中国“江南传统古村落、古民居的典范”。

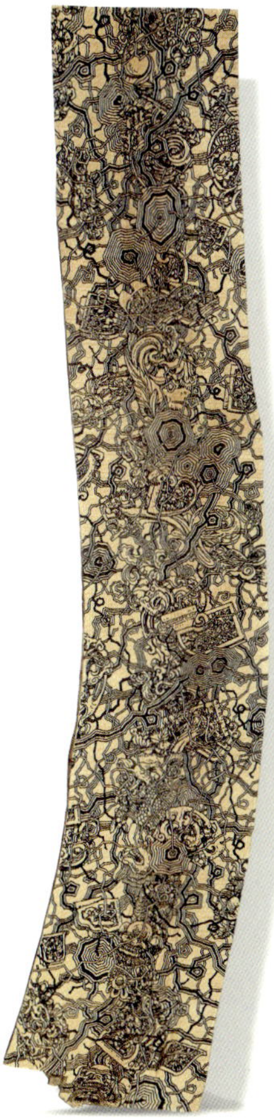

1 | 2
3

旧木市场中成堆的建筑构件，间接反映出兰溪地区精湛的雕刻和营造技艺 _1
作者：夏克梁

古村落营造是一项传统手工技艺，以木匠工艺为核心，由雕花匠等工匠密切配合才能完成 _2
作者：夏克梁

木材是古村落营造中主要的建筑材料 _3
作者：夏克梁

婺州传统民居的牛腿雕刻精美、内容丰富，其中狮子的各种形态十分生动
作者：夏克梁

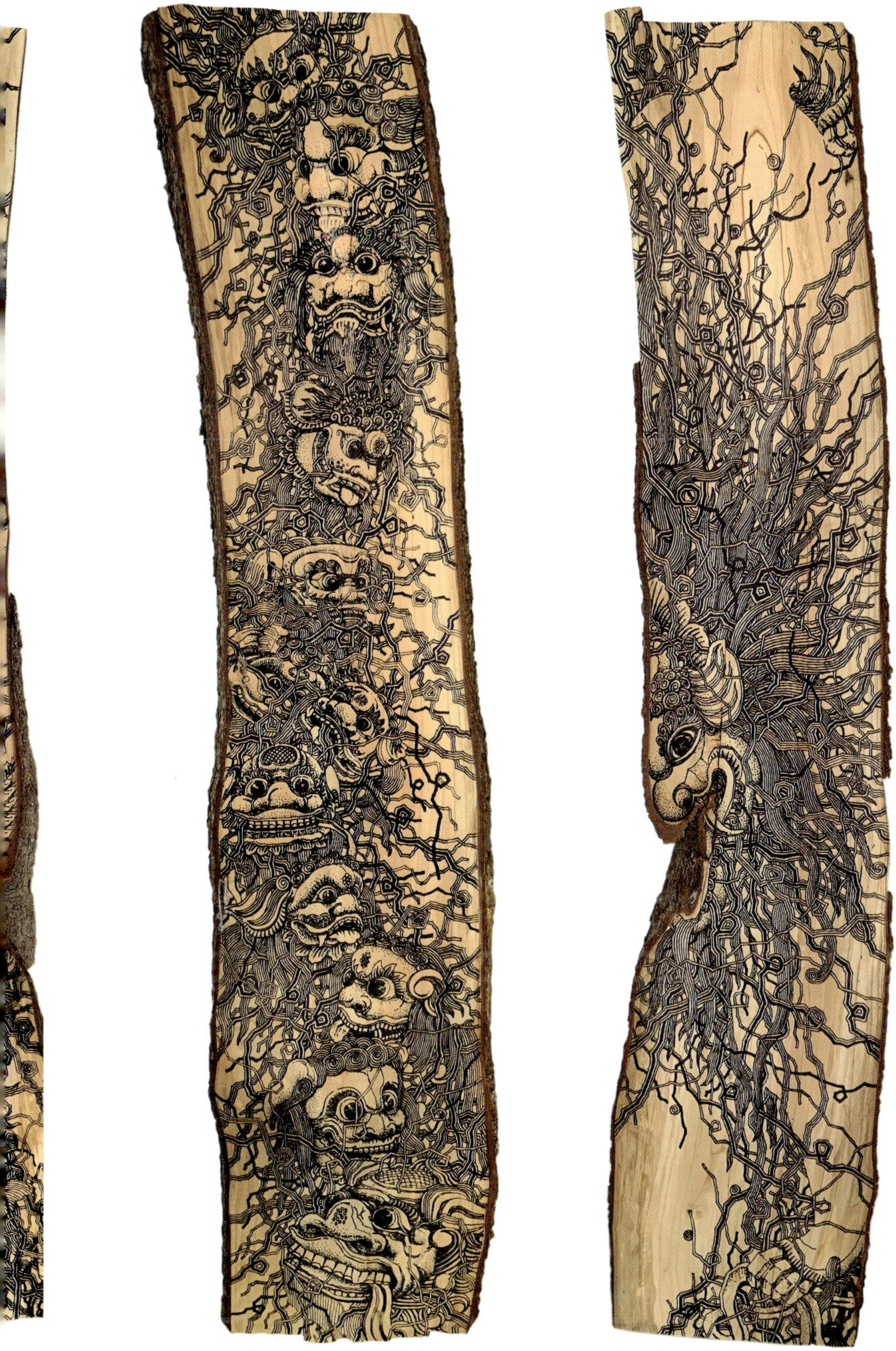

1 2 3

诸葛村的古建筑错落有致，结构精巧 _1
作者：郭焱

诸葛村传统民居中的牛腿 _2
作者：袁芳

青砖黛瓦马头墙 _3
摄影：夏克梁

诸葛村古村落营造须木匠、泥水匠、石匠、砖瓦匠、雕花匠等密切配合，是一项传统手工技艺。该技艺以木匠工艺为核心，加以泥水匠工艺装饰，往往先设计整体结构，再预制各类构件如梁、柱、桁、椽、牛腿、花门、磉、砖、瓦等，然后立木结构屋架，接着砌墙，最后做内外装饰。该技艺在建筑结构和布局上不拘一格，有伏虎型、九宫八卦型、纵状街市、环状街市等。诸葛村现存完好的几处古建筑景观，如丞相祠堂是典型的伏虎型，钟池及附近建筑是九宫八卦型，上塘商业区则是环状街市。古建筑厅堂宏大，住宅多制式，当地有歌谣：“房靠房，弄接弄，十家八家同一聚，同出同门同一处；花门楼，马头墙，内有天井小洞窗，画栋又雕梁。”

03.5 兰溪根雕

说到兰溪根雕，就不得不提根雕大师郑世有。

郑世有 1968 年生于兰溪市梅江镇柳塘边村，现为中国根艺美术大师、金华市工艺美术大师、金华市工艺美术行业协会副会长。他自幼酷爱美术，小学时便喜欢做一些小物件，如桃核篮子、印章、根雕摆件、麦秆扇子等。

20 世纪 90 年代初，郑世有辗转广州、东阳等地学习木雕，木雕技术大有长进。后进入福建一家家具厂任技术主管，闲暇时给当地一些建筑雕梁画栋。当时，他的居住地旁是林区，当地人借此学习根雕艺术，他也颇感兴趣，遂决心转向根雕创作。

| 1 | 2 |
| | 3 |

木雕、根雕工坊 _1
兰溪市委宣传部供图

中国根艺美术大师郑世有 _2
图片来源于“908 兰溪电台”微信公众号

根雕手艺人 _3
作者：许一贤

| 1 | 3 |
| 2 | |

郑世有作品《本愿》（花梨瘤体材质 _1
图片来源于“雕塑头条”微信公众号

郑世有根雕作品《风萧萧》_2
作者：陆盈睿

郑世有根雕作品《玄仙济世》_3
作者：陆盈睿

郑世有的作品注重保留原生态的美，古朴浑重，构思独特。他从家乡画家方增先的积墨人物画技法中得到启发，创新棱块雕，并运用到柴珠雕艺的人物创作中。这使得作品除了有木质本身的肌理美，还多了刀痕美，恰似绘画的笔触，好比国画中焦墨、积墨的效果。同时，他创造性地将柔和雕、意象雕、剥琢雕等技法运用到创作中，让作品更加贴合主题。

2000 年，郑世有携作品赴中国美术馆参加第七届中国根艺美术优秀作品展，荣获刘开渠根艺奖金奖。之后，他连续三次荣获刘开渠根艺奖金奖，获浙江省根雕艺术精品博览会金奖，第六届、第七届中国（东阳）工艺美术博览会金奖等。

03.6 兰溪民间剪纸

剪纸俗称“剪花”，是一门融美术、造型、传统文化、民间习俗、剪法工艺于一体的艺术。2008 年，兰溪民间剪纸被列入兰溪市第二批非物质文化遗产代表作名录，同年被列入金华市非物质文化遗产代表作名录。

兰溪民间剪纸历史悠久。五代时期，“吴越践王于行吉之日……城外百户，不张悬锦缎，皆用彩纸剪人马以代”。南宋时，词人李清照南渡后避乱客居金华陈氏宅，作《菩萨蛮》词，有“烛底凤钗明，钗头人胜轻”句。人日剪彩为人形，故名人胜，将剪纸装上钗头，戴于头鬓，是当时的一种风尚。明嘉靖年间，诸葛文郁“长于巧思，凿纸为灯，细如缕发，百变不穷”。清代，潘永因《宋稗类钞》载：“婺州刘鼎臣赴省试，濒行，其妻自剪彩花赠之。”剪纸成为妇女传情达意的工具。清末民初，兰溪民间剪纸盛行，剪纸作品普遍用于家庭装饰和婚丧嫁娶之中。

1 2 3

兰溪剪纸《兰江浮桥》_1
图片来源于“兰溪文旅”微信公众号

剪纸是一门融美术、传统文化、民间习俗、剪法工艺等为一体的艺术，也是中国最古老的民间艺术之一 _2
图片来源于“兰溪文旅”微信公众号

兰溪民间剪纸 _3
摄影：罗筱英

兰溪民间剪纸别具一格，在传承过程中与时俱进，融入现代元素，巧妙地融合了年画、版画、书法、拼贴等艺术的技法。作品图案丰富，线条粗细结合，花中套花，可分可合，充分运用象征、比喻、会意等手法，构思巧妙，既富有内涵，又有较强的视觉冲击力，深受群众喜爱。

其中，女埠剪纸以独特的镂空技法打造双面欣赏的特点，造型丰富的元宝、摇钱树和老寿星等，格外引人注目，许多作品被天津、上海等地的民间艺术博物馆收藏。

1 2

兰溪剪纸《游埠古桥》_1
图片来源于“兰溪文旅”微信公众号

兰溪剪纸融年画、版画、拼贴等艺术于一体 _2
作者：许一贤

03.7 兰溪面塑

面塑，俗称捏面人。面塑以面粉、糯米粉等为原料，加水将面粉揉成面团后蒸熟，揉压均匀。一块细腻、柔韧的面团，才能调成不同颜色的面泥。在木棍上给面团塑形，雏形初具后，再凭借一双巧手和简单的工具，以均匀的力道，运用不同的手法，经过捏、搓、揉、点、刻、画，将各色面泥组合，塑造出各种人物、动物、植物。

兰溪面塑技艺流传已久。《东京梦华录》记载："以油面糖蜜造为笑靥儿。"兰溪面塑早年流传于女埠、香溪、马涧一带。近年，午塘村舒国斌夫妇经过不断试验，创作传说人物、戏曲人物、动漫人物、各式动物等，打响了"舒氏面人"招牌。

兰溪面塑 _1
作者：许一贤

面塑人物 _2
作者：陆盈睿

街头的面塑传人 _3
兰溪市委宣传部供图

工作中的面塑艺人 _4
作者：陆盈睿

03.8 反左书

1	2
	3　4

反左书 _1
作者：许一贤

林马余反左书作品《中国梦》_2
兰溪市委宣传部供图

林马余反左书作品《新时代属于每一个人》_3
兰溪市委宣传部供图

反左书非遗传承人林马余 _4
图片来源于“浙江在线”微信公众号

反左书，用左手写反字，为书法之一种，又称左笔镜体。

反左书是六朝时期书法艺术中的一朵奇葩。在现今发现的南朝陵墓中有两例反左书：一在江苏丹阳建陵（梁文帝萧顺之陵墓）神道东侧石柱，一在南京萧景墓神道西侧石柱。有学者提出，反左书由梁朝大同年间孔敬通始创；又有学者认为，萧顺之、萧景均葬于梁朝大同之前，两处陵墓立神道石柱的时间相隔应不会太久，因此，反左书始于孔敬通的说法不准确。反左书始于何时、由何人创造，至今尚无定论。

萧景墓神道石柱题字书法严谨、笔画匀称，被康有为称赞为“平整匀净之宗”。古代碑刻、墓志、神道石柱题字多由当时名人撰文、书丹，并留其名。萧景墓石柱却无书者姓名，这又是一个谜。

林马余原是兰溪市职业中等专业学校的一名语文老师，现致力于推广反左书，在兰溪市社区学院里打造了一家翼圣堂。

“翼圣堂是清代文学家、戏曲家李渔创建的，集创作、编辑、刻印、出版、售卖于一体，刻书精良，是李渔刻印文化的一个象征。”林马余说，翼圣堂面向整个社会，推广非物质文化遗产，已成为一个集非物质文化遗产传承、社科普及、游学研学、学习体验、书法创作、文创开发于一体，弘扬传统反体书法的基地。“我带了几个徒弟，6 岁到 13 岁，反左书练得还不错。”林马余笑着说，“反左书传承者目前只有几十个人，年龄基本在 50 岁以上。我们要好好培养新一代继承者，让反左书后继有人，同时为篆刻、雕版、活字等培养一批专业的‘写样’人才。”

2018 年，反左书被列入第七批金华市非物质文化遗产名录项目名单 。2019 年，反左书第一批非物质文化遗产传承人被列入金华市非物质文化遗产代表性项目代表性传承人名单。同年，兰溪市反左书非遗教学传承基地被命名为第九批浙江省社会科学普及基地。2020 年，兰溪市反左书非遗教学传承基地负责人当选为浙江省社会科学界第八届理事会理事。同年，兰溪市反左书非遗教学传承基地入选 2020 年度浙江省市民终身学习体验基地名单。 2021 年，反左书书法作品被列入第三批浙江省优秀非遗旅游商品名单。

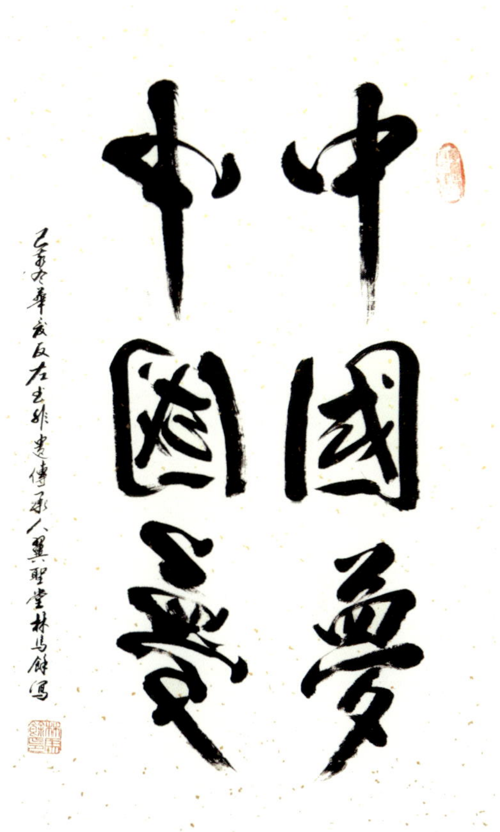

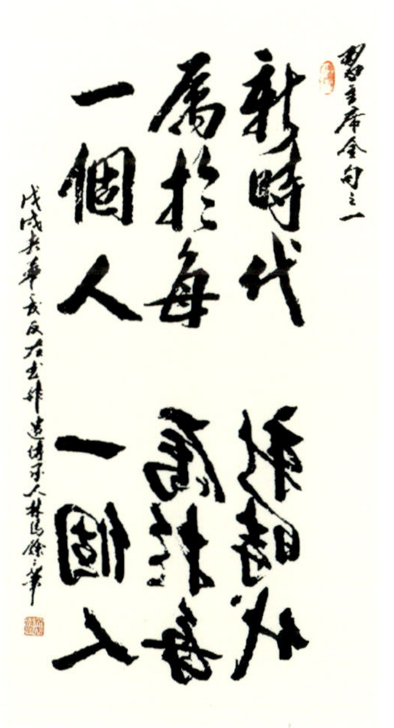

明 澹
致 寧
泊

03.9 孔明锁制作技艺

孔明锁，又称鲁班锁、六子联方，俗称六子疙瘩、难人木、憋闷棍、憋死牛、犟劲疙瘩、摔不开等，是古典四大玩具（九连环、华容道、七巧板、鲁班锁）之一。清代桃花仙馆主人在《鹅幻汇编》中详细介绍了鲁班锁，说它是“益智之具。若七巧板、九连环然也。其源出于戏术家”。

关于孔明锁的来历，有多种说法。有说是诸葛亮根据八卦原理而发明，也有说诸葛亮后裔制作鲁班锁，为销售和提高家族知名度，将鲁班锁改名为孔明锁。

孔明锁本是古代木建筑的结合器，源于传统榫卯结构，是中国古代建筑艺术的结晶。北京故宫角楼、天坛祈年殿，山西应县木塔，都是孔明锁应用的典范。孔明锁原为木质结构，硬杂木、软木均可，硬杂木坚硬、耐磨、寿命长，软木便于加工。整体不使用钉、绳、黏合剂，只用到六块木头。这一立体拼拆器具，外观是严丝合缝的十字立方体，内部榫卯契合，完美衔接，十分巧妙。孔明锁看上去简单，其实奥妙无穷，是老少咸宜的休闲益智玩具。孔明锁历经千年传承、变化，发展出多种类型，造型和内部结构各不相同。孔明锁的标准造型有六根木头和九根木头两类。按照榫卯结构，人们在标准孔明锁的基础上派生出许多高难度的、观赏性高的类型，造型复杂多变，常见的有球形、菱形、方形、菠萝形、动物形、宝盒形、宝塔形、古建筑形、十字形、双十字形等。在兰溪诸葛八卦村，有不少专门制作孔明锁的手艺人。侯全辰自创115种六子联方类孔明锁，还可制作上万种外形相同而内部结构不同的孔明锁。

1 2

孔明锁 _1
兰溪市委宣传部供图

孔明锁的制作 _2
作者：陆盈睿

孔明锁·6通

1 | 2 | 3 4 5

孔明锁是中国古代建筑艺术的结晶 _1
作者：许一贤

孔明锁也是一种老少咸宜的益智玩具 _2
作者：陆盈睿

孔明锁制作过程 _3
图片来源于“兰溪文旅”微信公众号

孔明锁制作过程 _4
图片来源于“兰溪文旅”微信公众号

木器工作坊 _5
作者：魏学锐

03.10 天一堂中药文化

清同治二年（1863年），诸葛亮第四十七世裔孙诸葛棠斋创建药铺天一堂，地处兰溪县城。如今，浙江天一堂中药有限公司位于兰溪市天一路1号，天一堂药店位于兰溪市中山路。现存两处遗址：位于兰溪市永进路6号的天一堂制药厂，位于诸葛八卦村的诸葛棠斋故居。

兰溪是诸葛亮后裔药业发迹之地。天一堂以『货真价实、诚信戒欺』为经营宗旨，采道地药材，精心配制传统丸、散、膏、丹出售，因疗效显著而闻名城乡、饮誉江浙。天一堂历百年而不衰，是著名的百年老店。第二代传承人诸葛韵笙子承父业，经营颇具匠心，先后在杭州、上海、广州、香港等地开设分号。第三代传承人诸葛起鹏于1942年接管药铺。抗日战争胜利后，天一堂由政府接管。1955年9月，以天一堂为主体，政府将以往分散的前店后场结合，成立中成药加工场，次年7月因扩大生产规模的需要，成立兰溪天一堂中药制药厂。

1956年至今，天一堂走过风风雨雨的历程，历经洪静波、董越轩、姜受祥等十任厂长。1996年，第四代传承人王天亮接管天一堂，将传统中药炮制技艺与现代科技有机结合，独创西黄丸原料（乳香、没药）炮制方法等多项技艺，并获得国家发明专利。天一堂生产的芙朴感冒颗粒、珍黄胶囊、天一止咳糖浆、血脂灵片等

1 2 3

天一堂创始人诸葛棠斋画像 _1
摄影：何可人

诸葛八卦村天一堂 _2
摄影：何可人

天一堂中药制作场景 _3
作者：许一贤

诸葛八卦村天一堂的庭院 _1
作者：万丙礼

船型铁药碾 _2
作者：许一贤

制药用的相关老物件及捣药的石臼和药罐 _3
作者：许一贤

天一堂永进路上展馆门口 _4
图片来源于“兰溪文旅”微信公众号

兰溪市中山路上的天一堂药店 _5
图片来源于“兰溪文旅”微信公众号

产品疗效显著，受到广大消费者信任。2002年，『天一堂』被认定为浙江省著名商标。2009年，天一堂中药文化被列入金华市级非物质文化遗产名录。2011年，商务部认定『天一堂』为中华老字号。2015年，国家知识产权局商标局认定『天一堂』为驰名商标。天一堂传承『乳香、没药醋制法』『厚朴姜汁炙法』『何首乌黑豆汁制法』『大黄酒制法』『牛蒡子清炒法』『珍珠水飞法』『麝香配研法』等上百种中药炮制技艺，形成药材道地、注重炮制的天一堂中药文化。天一堂注重炮制，炮制技能恰是中药之精华。天一堂保存了一批民间古方、秘方，还有一批身怀绝技的老药工。老式工具，如土灶、陶锅、研钵、竹编藤箩、石磨、中药秤、印章、细料药罐、石臼石磨等，都有存世。

03.11 毕矮的故事

毕矮，原名毕文彩，生活于明末清初，是兰溪市原女埠镇毕家村人，为兰溪民间传说中的传奇人物。数百年来，毕矮的故事在兰溪民间口耳相传，经过不断充实，至民国时家喻户晓，在金华各县市和龙游、建德，以及安徽南部、江西东部等地广泛流传。

03.11.1

挑粪桶

某日，毕矮见一挑粪者坐在石拱桥头吸烟，便掏出旱烟管上前借火。不料那人却问他几时还。

毕矮对过火，边吸烟边说：“这桥又高又陡，挑着满满两桶粪过桥，太费力，我助你扛过桥去，好吗？”那人非常高兴，即与毕矮用扁担扛粪桶。谁知扛过一桶，再扛另一桶时，毕矮却笑笑说：“借火要还不谢，讨火只谢不还。讨一次火助你扛一桶粪，已经谢过，对不起，我有要事，失陪了。另一桶粪下次讨火时再帮你扛。”说罢扬长而去。挑粪者手拿扁担立于桥上，眼看两桶粪分在桥两头，挑不行，提不能，毫无办法，只怪自己讲话太尖刻。

1 2 4 3

毕矮胸像 _1
作者：陆盈睿

女埠是毕矮的故乡 _2
兰溪市委宣传部供图

毕矮的故事 _3
作者：许一贤

嫂子做的那碗咸菜肉面不知是不是已经入味了 _4
作者：胡其梅

03.11.2

咸菜肉面

某日，毕矮外出后提早回家，闻到厨房里肉香扑鼻，就悄悄上楼。他从正对灶头的楼板小孔中向下一瞧，见嫂子正在煮一小锅猪肉面条，原来嫂子又在吃独食。毕矮从坛子里掏出一把咸菜，当面条将熟时，对准小孔将咸菜汁滴进面锅。嫂子见有褐色水珠从楼板缝里滴到锅里，以为是猫尿，吃了一惊。嫂子叹一声“可惜”，皱着眉头想将面条倒掉，毕矮此时恰巧走进厨房。嫂子便说：“毕矮，来得正好，我烧了一锅猪肉面，趁热快吃。”毕矮谦让一番后就一碗一碗盛来吃。嫂子故意问：“好吃吗？”毕矮笑道：“好极！咸菜汤烧猪肉面，嫂子好手艺，嫂子好手艺。”嫂子一听，知道又受毕矮捉弄，想去盛一碗面吃，可锅里已经空了。

03.11.3
道士烤着了

毕矮 10 岁那年，父亲病死了。家里穷得叮当响，别人家办丧事，四个道士八个和尚，又是做道场，又是办佛事，他家闹腾不起，只请了一个道士，打算念几句敲几下，算是对过世的人一个交代。这个道士 40 多岁，单身汉，既贪财又好色。见毕矮家穷，心里老大不乐意，可看到毕矮娘 30 岁不到，模样俊俏，心里起了歪念。

出丧那天，道士伸手来要红包。毕矮娘一看，为难了，红包没准备，而道士不见红包就拖着不发丧。毕矮娘越发伤心，扶着棺材大哭："毕矮爹啊，你一生一世当脚夫，只有一根扁担，没别样东西，你一去，叫我寡妇孤儿靠哪一个呀！"道士正等红包，一听这话，就接过毕矮娘的话头，摇着铜铃念道："南无令令天尊，靠我道士先生。"锵锵锵，把大钹敲得吓人响。

1 2

《道士烤着了》道士见毕矮娘心起歪念 _1
作者：许晨林

《道士烤着了》"烤着了，烤着了，道士烤着了" _2
作者：许晨林

一开始毕矮没留意，可后来一听不对头，人群中有人开始偷笑。毕矮心中暗骂："好你个贼道士，竟在大庭广众之下欺我孤儿寡母！"他闷声不响回里屋拿出一封半块砖头大小的红纸包，朝道士跪了下去。道士一看，心里一阵高兴，赶紧把红纸包往肚兜里一塞，立马开始发丧。

送葬的路上，毕矮娘一路走一路哭，道士还是满嘴胡话："靠我道士先生，靠我道士先生。"毕矮听着，心中实在有气，就哭着说："烤着了，烤着了，道士烤着了。"路旁也有人喊了起来："道士，你着了！着了！"

道士越发高兴，以为毕矮娘答应改嫁给他了，竟连连点头，还不住地说："靠着了，靠着了，我道士好运道，老婆有着落！"锵锵锵，把大钹敲得更起劲了。路人见道士这么得意，便拉了他一把，说："你的衣服烤着了！"

道士一低头，只见他那件新道袍正冒烟呢。他连忙脱下道袍查看，那道袍早被烧了一个大洞。原来，毕矮是从里屋炉膛里夹出一块冒烟的柴头，用红纸一层一层包好，当成红包递给了道士。

诸葛八卦村按照九宫八卦原理设计布局，这在中国建筑史中尚属孤例。诸葛八卦村就像沉睡千百年的活化石，吸引人们一探究竟，在其跨越世纪的鼻息中感受古人的智慧。而这份对古建保护的执着与热情，正是我们整个『边走边画』团队的使命与初心。

走进
诸葛八卦村

04

1 2

诸葛八卦村，是诸葛亮后裔最大的聚居地 _1
摄影：夏克梁

窗臼 _2
作者：陆盈睿、夏克梁

古村落、老房子是我们永恒的主题
摄影：夏克梁

写生作品

Sketching Works

“兰溪”是一个诗情画意的名字，兰溪城如其名，是一个钟灵毓秀、山清水明的地方。兰溪乃“三江之汇、七省通衢”，自古就是钱塘江上游极繁华的商埠，两宋时期就有“天下江南”之称。兰溪得天独厚、物阜民丰，丰富的物产哺育了精彩的民俗历史文化，深厚的历史文化积淀更是为兰溪孕育出一大批历史名人、文化巨匠。

兰溪山水如画、风光旖旎，是金华乃至浙江极美丽的县市。城区有“三江六岸、两山两塔、三岛一古城”的诗意景观。境内有全国保存最完整的古城、古镇、古村落体系，有被徐霞客赞为“江南一绝”的六洞山地下长河，有被誉为“东方瑞士”的兰湖旅游度假区等诸多知名景点。其中，尤为重要的是全国最大的诸葛亮后裔聚居地诸葛村。诸葛村按照九宫八卦原理设计布局，这在中国建筑史中尚属孤例。这份独特性背后所包含的研究意义与价值不言而喻。诸葛村就像沉睡千百年的活化石，吸引人一探究竟，在其跨越世纪的声息中感受古人的智慧。

2022 年 8 月，我们一群有着同样梦想和追求的第七季“边走边画”成员 22 人一起走进兰溪的诸葛村、游埠老街、长乐村等古村落，用画笔记录历史文化名村的处处美丽和感动。为期 9 天的写生创作时间，每一名成员都早出晚归，希望时间走得慢一点，再慢一点，把古村落的记忆定格在画纸上多一些，再多一些……

这里展示的是第七季“边走边画”团队成员的部分作品，他们以爱心感悟兰溪的诗情画意，用画笔传递古村落古建筑的博大精深。

徽派建筑门楼
作者：张莹

一场写生之约

张莹（重庆）

一场“边走边画”写生之约，候了两年，终成行。

早知夏老师痴爱古建筑，把风格各异的古建筑之美表现得淋漓尽致，让人爱不释手。心心念念跟随夏老师的脚步，潜心研习，便有了诸葛村“边走边画”之旅。

晨出夜归，夜幕中的点评、分享、讲座……辛苦又充实。沉浸其中，时间如飞，还未完全入戏，转瞬已到谢幕。

欲画出灵魂，需知其所以然。中国的传统建筑，发祥于史前，“发育”于汉，繁盛于唐，完美醇和在宋。中国历史悠久、疆域辽阔、民族众多，建筑形式多样，宫殿、庙宇、陵寝、寺庙，民居、园林、祠堂、会馆，无一例外反映着当时的生活、习俗等，木构式、归堂式、土楼式、窑洞式、干栏式等建筑模式则呈现各地的气候水土、材料使用和技术工艺等。这一切，又随着生活方式变化、文明演进而不断发生变化。

建筑的形式美体现在材料的运用与表现上。徽派建筑在中国六大建筑派系里格外突出青砖黛瓦白墙，集山川之灵气，融风俗之精华。这次写生的诸葛村一带古建筑，是其中耀眼的明珠。

祠堂是诸葛村高“含金量”的古建筑。宝贵的素材资源，奉上“饕餮盛宴”，我们如饥似渴地描“肥梁胖柱”，绘精美绝伦的牛腿，唯觉时间紧，意犹未尽，在摸索研习中提升技艺，受益良多。

读万卷书，行万里路。在行走中品味古建筑、古村落，以笔为歌，赞美古建筑、宣传古建筑、保护古建筑，也许这就是“边走边画”团队组建的动因，更是其行动的意义。

热爱可抵岁月漫长

胡其梅（安徽芜湖）

浙江兰溪，滨水而居，拥江以兴，烟火兴盛，诗情画意。2022 年夏，“边走边画”写生季如期而至。

写生团队入住的澹明轩民宿，是一家有故事的民宿。创办人何先生经历丰富、有才情。诸葛村，是诸葛亮后裔的最大聚居地。村子以形如太极阴阳鱼形图的钟池为中心，8 条小巷通往四面八方，千家万户纵横相连。盛夏，映日荷花点缀于无穷碧叶间，与青砖黛瓦相互映衬，浪漫别致。

队员们每天跟随导师穿梭小巷，踏勘赏景。日出写生，日落研讨，以满腔的热情，用灵动的线条诠释古村角角落落的美、方方面面的韵，探寻过往的印记，描绘今天的画卷。

兰溪，“三江之汇，七省通衢”，集聚南来北往客，汇四方之美食。写生之余，我们亦不辜负特色美食，鸡子馃、肉大饼、红糖酥饼、带小尾巴的咸汤圆、状元糕等，香甜落胃。

由于个人原因，我仅在兰溪待了 3 天。在短暂的时光里，与来自全国各地的老朋友聚首，又结识一批仰慕已久的新朋友，我们因为共同的兴趣和爱好相聚在一起，怀着一样的热爱和执着向着梦想前进。

兰溪八卦村

古街飯店
酒
孔明镇

諸葛村大公堂 2022.8

重拾儿时梦想，一路有画相伴

谢祥国（广东中山）

“边走边画”，在网络上第一次看见这几个字，一种莫名的亲切感油然而生。边走边画，也许人生就是一场应当记录的旅途。

2022 年 8 月，一群有着同样信仰与激情的人如期到达浙江兰溪。兰溪，一个温文尔雅的名字。诸葛村，拥有保存完整、颇具规模的古建筑群，是我们这次“边走边画”第七季兰溪行主要的写生地。这里，古建筑雕梁画栋、飞檐翘角，街巷纵横交错、错落有致，青石路疏影斑驳、古朴幽静，游客熙熙攘攘，村民悠然自得。苍凉与古朴中透露着昔日的繁华与富庶。游埠镇的早市早茶热闹非凡，散发着浓郁的烟火气息。长乐村更有历经千百年的元、明时期建筑。农村长大的我，抚摸乡间的一砖一木，亲吻一花一草，呼吸着带有泥土芬芳与炊烟气味的空气，恍惚回到了童年，看到那些时光流淌下的老物件、旧家什，不由联想到人们当年生产、生活的场景。

读万卷书不如行万里路。这次参与写生活动，如愿见到敬仰的夏老师及其他专注的队员。大家一起鸡鸣而出，日暮方归，顶住酷暑，在烈日下写生；屏住呼吸，在鸡鸭猪舍旁作画——若不是源于对绘画的热爱、对艺术的追求，岂有如此坚韧与毅力。白天，大家走街串巷，现场写生；晚上，交流点评、讲授画理，受益良多！

路漫漫其修远兮，吾将上下而求索。画眼之所见，画心之所想，愿余生一路有画相伴，边走边画。

八卦村一角 2022.8

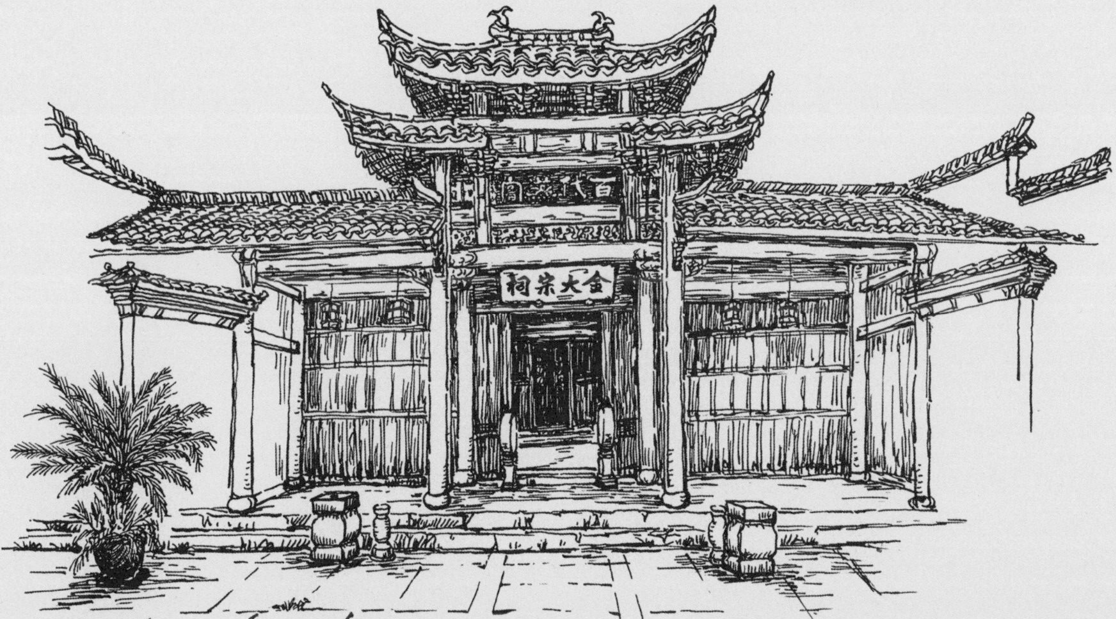
祠宗大金

永安码头
兰溪游埠 2022 XXG

兰溪诸葛八卦村
2022 XXG

无羁无绊，纵情笔端

魏学锐（浙江瑞安）

之前虽有好画之心却内心浮躁，时时感到迷茫，为生活、为事业、为家庭，总能给自己找到逃避的理由。天命之年，巧遇“边走边画”团队，对绘画的向往之情被悄悄唤醒，犹豫中重拾画笔，随心而动。

40℃高温下，从瑞安出发，辗转五六个小时到达目的地兰溪诸葛村，映入眼帘的是黑瓦白墙，典型的徽派建筑，心中升起久违的宁静，仿佛一切都静止了，包括时间。

这次活动有队员 20 多名，年龄从 19 岁到 54 岁，地域更是跨越 11 个省，大家从四面八方乘兴而来相聚诸葛村，只为对艺术的执着。当晚，简短的开画仪式结束后就开启了 8 天的边走边画之旅。

早就体验过导师夏老师的“卷”，可直到这次活动才真正知道什么是“卷”。老师、队员都像三伏天那样热情似火：天刚擦亮，就匆匆出发到写生点，画到 8 点多才饥肠辘辘回来吃早餐；餐后又急急忙忙赶到写生点继续写生，直到晚上七八点才满头大汗地赶回来吃晚饭。你以为一天的活动已经结束？错了，晚课还没开始呢！每天晚上，夏老师都准备了“大餐”，对所有队员当天的习作进行详细讲解，之后是理论课和欣赏课，最后是改画和个别指导，直到深夜，大家才依依不舍地离开。

8 天的活动很快就结束了，在这次活动中，我收获了知识，收获了友情，收获了汗水，收获了坚毅，更收获了自信。感谢“边走边画”团队！感谢夏老师！感谢队员们纯洁的友情！来年再聚。

W·XR·2022·8

诗情画意与烟火气息的奇妙邂逅

袁芳（湖南长沙）

兰溪，一个充满浓郁诗意和浪漫情怀的地名，号称“七省通衢、六水之腰”，位于金衢盆地北部，钟灵毓秀，人杰地灵。兰溪地区散布着古村落，以诸葛村、长乐村等为代表。一直喜欢江南建筑风格，诸葛村那灰黑如水墨的屋檐，远远近近，层层叠叠，房门、墙壁之上有各色狮面、八卦图案。穿行在古老的小巷，恍若时光倒流，有一种寻幽怀古的乐趣。错落有致的屋舍，铺就青石板的小弄堂，徽派建筑高高的白墙和很高又很小的窗……最吸引眼球的要数丞相祠堂里雕刻精致、姿态各异的牛腿与雀替，着实令人着迷。我静静坐下，用自己最喜欢的绘画方式与老建筑对话，聆听它们的过往……

与长乐村的诗情画意不同，游埠古镇予人的感受是人间烟火气，这里是同学们随手出作品的地方，最出名的是早茶文化，起了个大早看到早上五六点本地人的生活，突然感觉一切都是值得的。整条街大部分是茶馆，并排紧挨着，老板一大清早就把门板卸下搭好桌子，再拉几张板凳，煮起开水，茶馆就开张了，兰溪最具特色的小吃在这里基本都可以见到，我们吃完早餐在其他景点逛了一圈，就开始用线条记录这热闹的场景，向往的生活应该就是这样……

毛姆说：“一个人能观察落叶、鲜花，从细微处欣赏一切，生活就不能把他怎么样了。”如果问我最理想的生活方式是什么，答案必然是观尽大好河山、赏尽烟雨楼阁、踏遍街头巷尾、绘尽所到之处。

难得纯粹的绘画时光

宋子良（浙江杭州）

时隔 4 年，再次参与“边走边画”活动，跟随夏老师来到金华兰溪古村落，展开为期 8 天的写生之旅。

几年前曾有机会造访诸葛村，那时脚步匆匆，未能仔细品味。诸葛村多水，整个村庄仿佛建在水塘之上，规划设计的独特之处令人赞叹，粗犷又富于细节。建筑与周边环境融合，每个庭院都种满鲜花，清晰地表明村民不仅热爱美，而且懂得生活之美。

写生，即记录。这次写生，我一直努力突破自己的局限，试图创作出与以往不同的作品。一开始，手法生疏，线条轻浮不稳，有时甚至难以坚持。然而，老师一再鼓励，要我坚持画完每一幅作品，因为最后总会有出乎意料的收获。每次“边走边画”活动，老师都会在晚上授课并点评作品。尽管我已多次听过老师的讲授、看过老师的课程材料，但每一次回顾都能有新的收获。此外，还有一群来自全国各地的同学，无论新朋还是旧友，每天都分享当天的写生成果，相互学习和交流，共同进步。

夏天的诸葛村，特别炎热，晚上，村民们在水塘边摇着蒲扇纳凉，我们则坚守在课堂。村里偶尔停电，我们就打开手机的手电筒功能，继续沉浸在绘画之中。下课时已是深夜，回宿舍的路上突发灵感，就着周围的光亮和水塘的光影，再绘一幅。

2022.8.5 傍晚
七点，在池塘边纳凉的
村民
画于兰溪诸葛八卦村

对景写生，以形写形，以色貌色

秦秀娥（北京）

2022 年暑假，我们相约来到兰溪诸葛村，进行为期 8 天的写生活动。陌生的同学、陌生的环境，开启我毕业后第一次写生。清晨去找素材取景，白天创作，晚饭后参加授课和作品讲评，就这样日出而作，日落归堂。诸葛村保留着原始的布局，村中心是太极阴阳鱼形图状的钟池，古老的建筑和街道保持着原汁原味的历史韵味。早晨的阳光格外耀眼，穿过巷弄，走上又长又高的台阶，在灰瓦白墙间游走；夜晚回程路边，湖塘有鱼跃出水面，声响格外清晰，起初感到害怕，后来习以为常，常想鱼儿肯定是觉得天气热，晚上出来凉快了。

短短几天，这里的草木已烙印在脑海。关闭手机，专心选景，看夏老师画画，听老师们授课讲评，大家互相评画，谈自己的感受——生活里只剩下一件事，就是沉下心来去看去想去画去感悟。看着老师们的作品，我非常着急，集训这些天，一幅像样的画都没有，撕掉了整整一个本子。老师们不断地鼓励，指出我的长处，使我不轻易放弃。画画不仅是技法，更是心性和志趣的表达，这是我最深的体会。提前结束的时候有留恋和不舍。与老师、同学们相处的时间太短暂了，我对取景、透视、形态、技法才有了基础性的了解，还需要时间去磨炼，不断地去体会。一支笔、一张纸，一句鼓励、一声赞许，这个团队之所以光芒耀眼，就在于大家乐此不疲地做热爱的事，不断地精进。

重拾画笔，回归热爱

秦磊（浙江杭州）

一直热爱绘画，但自参加工作以后就很少动笔，毕业后远足骑行写生的情景，还历历在目。接触“边走边画”团队，是机缘，最终听从了内心的召唤，把琐碎的工作和纠结的心情抛在身后，开启兰溪之行。

首站到达诸葛村，映入眼帘的是水墨画般的荷花海洋，让很久没亲近大自然的我被深深打动。住处是一家民宿，晚饭后举行开画仪式，来自五湖四海的同学各自介绍，一系列环节过后，大家散去。

第二天，伴着晨曦，开始第一天的写生。很久未动笔，下笔时只感到手的僵硬。晚上，夏老师对每个人的作品作点评，课程分享直到深夜，大家都静静地画着，周围只有画笔的沙沙声……

接下来，感受了游埠的早茶文化，又来到长乐村，村里的古建筑群超乎想象，保存之久、规模之大，实属不易。

每天日出而画，日落而息，聆听夏老师的分享、点评，与同学们交流心得，一次次投入作画。户外高温，而我们全然沉醉于绘画，忘了炎热，忘了蚊虫，我的画也慢慢地鲜活起来，原来，我的灵魂画笔只是暂时沉睡，它一直都存在于我的内心。

当下，忙于生活，忙于工作，幸好有画画，让我抒发心情，发现和记录生活的美。

2022.8.5

2022.8.4

2022.8.5

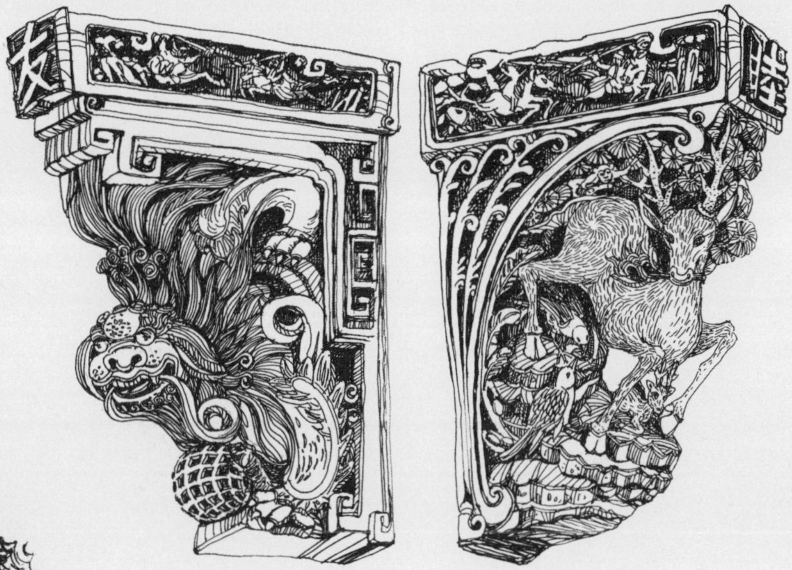

诸葛八卦村 二〇二三·九·二十六

兰溪之旅

林嘉鹏（广东惠州）

“边走边画”团队走进兰溪，集结了来自十几个省份热爱画画的朋友。

团队驻点在诸葛村、长乐村、游埠古镇，与城市繁忙的节奏相比，这里的生活缓慢而舒适，我放下繁杂的工作，享受古镇的生活气息，纵情投入绘画。

我们在诸葛村走街串巷，用画笔记录美好的画面。我很喜欢古建筑的牛腿，上面精雕细刻着各种纹样，有走兽、人物等，包含着美好的寓意。

清晨的诸葛村，街边坐满村民，在木桌边竹椅上吃早餐，时光仿佛倒流。游埠古镇的特色早餐同样让人记忆深刻，一大早茶馆和商铺就坐满了人，屋檐下方挂满旗子和布袋，还有各种竹编，氛围感满满。

游埠古镇的古村、古溪、古街、古桥、古宅都保存较好，小镇保留着以前的生活方式，守着岁月，静待八方来客。我们还去了长乐村，我画了祠堂梁上的大冬瓜。这里有一座建于元代的建筑——望云楼，据说许多建筑在一场大火中被焚毁，让人痛心。

其间还有许多趣事，废墟作画、深夜挑灯、公益教学、课堂学习，大家一起生活、一起画画，希望我们都保持这份热爱，将“边走边画”活动延续下去。

多年以后，回首兰溪之旅，8 月的阳光，鲜艳的荷花，三五成群穿街走巷的人……一定会历历在目。

旧木堆. 林嘉鹏
2022.08.

线条下隐秘的角落

张贝贝（上海）

我去过很多古镇，大多是旅游业做得比较成熟的，热闹的商业街、熙熙攘攘的游客和相似的美食……这次出发到兰溪诸葛村前也认定大概就是这样吧。真正踏上这里的土地才发现，这是一座很有烟火气的古村落，青石铺就的长巷，飘散着烟火，可以看到村民们的日常生活，白天采莲蓬、晒莲子，在菜地里忙活，日落时分三五成群地聚在家门口，一边吃饭一边和邻居聊天，空气中特殊的气味和一幕幕似曾相识的场景，让我想起小时候在外婆家的时光。这是一座闻着风都可以让我做梦的村子。

用速写记录生活，是近一两年养成的习惯。平时会利用周末去一些巷弄或找找老房子，一画就是半天，但很少有连续的时间外出写生。这次兰溪之行不仅让我有大段时光安心享受画画的快乐，而且让我欣赏到丞相祠堂、大公堂、春晖堂、天一堂等极具特色的古建筑。我喜欢画角落里常被忽视的小物件，置身真实的环境，调动自己的五感，将所见所闻所想一笔一画呈现出来，对我来说就是最好的放松方式。

一周的时间，每天日出进村写生，傍晚带着作品回到教室相互交流，听夏老师的讲评与心得分享，我收获了许多关于绘画的宝贵经验，也结识了很多优秀的小伙伴。我从大家身上看到对生活和绘画的热爱，这一切都给我留下了深刻的印象并激励着我。

感谢夏老师和“边走边画”团队给我带来的美妙夏日时光，边走边画，期待再次相聚！

花園公寓

做自己所爱之事，像平常生活一样

张书山（安徽合肥）

与“边走边画”团队结识已是第五年。每年夏天，与三五老友结伴，一同去赴一场与绘画有关的约，何等浪漫；有良师，有益友，可以短暂卸下生活的压力，畅游于山水田园画卷里，何其有幸。

作为探班学员，我待的时间不长，当晚跟前几期的老友们一起作了作品分享，又跟老师一起坐下喝了一会儿茶，真是无比幸福。趁着夜色，在荷塘边发了好一会儿呆，那一刻真的可以静下来自己跟自己对话，感受风，感受荷香，感受古村的静谧。清早起床绕着村子走一圈，一路挑选入画的场景，走走拍拍好一阵，毕竟不可能每个地方都能画到，有些场景只能用手机记录下来，待日后再重新审视。

过去5年，基本每年都保持一定的输出，工作之余，还能做一些自己喜好的事，真是幸福又幸运。每当坐下来动笔时，就是一种出世的状态，可以放下一切，又可以沉下来去做一次复盘。能在工作之余还保持一份爱好，这份富有只有自己能体会。希望大家都能做自己所爱之事，像平常生活一样。

茶

ZHANGSHUSHAN

小吃
始于1968
绿茶
红茶
花茶
大红袍

ZHANGSHUSHAN
2022.12.07

ZHANGSHUSHAN
2022.12.06

边走边画的梦幻之旅

周锦绣（河南郑州）

我眼中的兰溪之旅，如梦一般美好而又匆匆，在烈日下画画的时光让我一直铭记……8 月，正值最热的季节，为了能多在户外写生，每天早上 6 点就开始画画，画到 9 点左右刚好结束一张，找个阴凉地乘凉，或者去周边拍拍素材，或者换个阴凉地继续画，下午又顶着暴晒出门画画。和一群志同道合的画友出来写生，用手绘的形式表达所见所闻，真是一件很幸福的事。途中常被游客和村民围观，轻松、愉悦的沟通给画作增加了故事感，从兰溪写生回来后，看到一些画作总能想到当时的种种美好经历。

兰溪诸葛村，这里有梦想的诗和远方，相对缓慢的生活节奏让我的心也难得地静了下来。与来自全国各地的画友们一起交流学习，不被外界打扰，大家对绘画的热爱，对写生的不同理解，也都深深打动着我，希望可以带动更多喜欢画画的朋友坚持边走边画。

这次活动主要在诸葛村，后来我们又一起去了游埠古镇、长乐村等地，每个地方都有其特色，都值得被记录，边走边画应该成为所有爱好画画的人的一种习惯。无论经历什么，心中有一份热爱，就是让自己变得越来越好的动力，用不同的表达方式去描绘喜欢的每一个场景。

2022.8.4.诸葛八卦村

2022.8.18

2022.8.1日. 诸葛八卦村民居记录.
周锦鸿

周锦鸿.
2022.8.14.
诸葛八卦村农具记录.

与老友们的夏日写生之旅

向俊（重庆）

不知不觉已在“边走边画”团队 5 年了，现在很习惯每年跟着夏老师去写生。说实话，现在画画反而不那么重要，和老朋友们在活动中叙旧就相当惬意。我很喜欢兰溪诸葛村，喜欢一进村口的那片荷塘，很大一片。到达的时候是晚上，感觉全身都被荷叶和荷花的清香充分环绕，早晨下楼看到眼前这一幕美景，非常舒心，吃完早餐，一路上是树荫、荷塘、旧墙、古街，每一处都可入画。

这次待的时间不长，大部分作品是回家对着照片画的。喜欢速写和写生的人非常乐意把自己放进场景去完成当时的作品，最好身边还有几个人闲聊，但人不要多，这样的氛围能让创作者释放轻松的心态。正是在现场观察，眼睛能看到比照片拍摄更多的细节，这些细节并不全都要画进画里，有时纯粹是为了观察，或者消磨时间，吃完雪糕后画一张小画，虽不是很满意，但也足够交代一个上午的工作了。

每天晚上的活动是熟悉的味道，大家聚集在一起修改白天的画稿，总结、交流。队员来自各行各业，聚在一起，每天都是为了画画，给人一种“魔性”的感觉，不过更具积极的意味。大家都很享受这样的时刻，毕竟这样的相会时光是短暂难得的。

景物幽幽，花树掩映，撷取自乐

袁华斌（福建厦门）

常听人言:“把感受留在书中，则阅书无用；把感受留在画里，则看画无用。”思而行之，行而画之，遂有得。8月，跟随团队行画古村落，走进兰溪。

兰溪诸葛村，伏虎钟灵喜北镇冠山东环带水，卧龙衍派本南阳望族西蜀名家。村中，竹木茂盛，巷道交错，老屋纵横，似通非通，宛若迷宫。从清晨到傍晚，徜徉古村之中，穿梭高墙之下，看着烟熏斑驳、青苔丛生的徽派建筑，它们是“消失中的痕迹”，是“怀旧”，是“纪念”。新建筑在村庄外围矗立，旧建筑在潺潺水声中依旧挺立，像一个老者，有些机能在退化。

离开废墟，有意识地将杂物重组在画里。内省的眼睛看到的，是时间的断裂、记忆的消失。在浪漫主义的视野里，古建筑象征对“瞬间”和“时间”的执着，两个互补的维度定义了诸葛村的物质性，腐蚀破损到一定程度，在某种意义上被保存下来，才能呈现“悦目”的景象，在观者心中激发复杂的情感：破损的表面，是时间的历程，岁月的侵蚀，促使人细加品味，线条因风化而变得柔和，玄青不因雨水而变得落寞……

在诸葛村，凝结着历史记忆的不是荒废的建筑构件，而是一个特殊的可以感知的“现场”，今日，将它们一一呈现在纸上。以后，人们会“慢慢”认识到乡土建筑的价值，但“慢慢”这两个字令人害怕：当人们开始认识到其价值的时候，乡土建筑正在或已经消失。

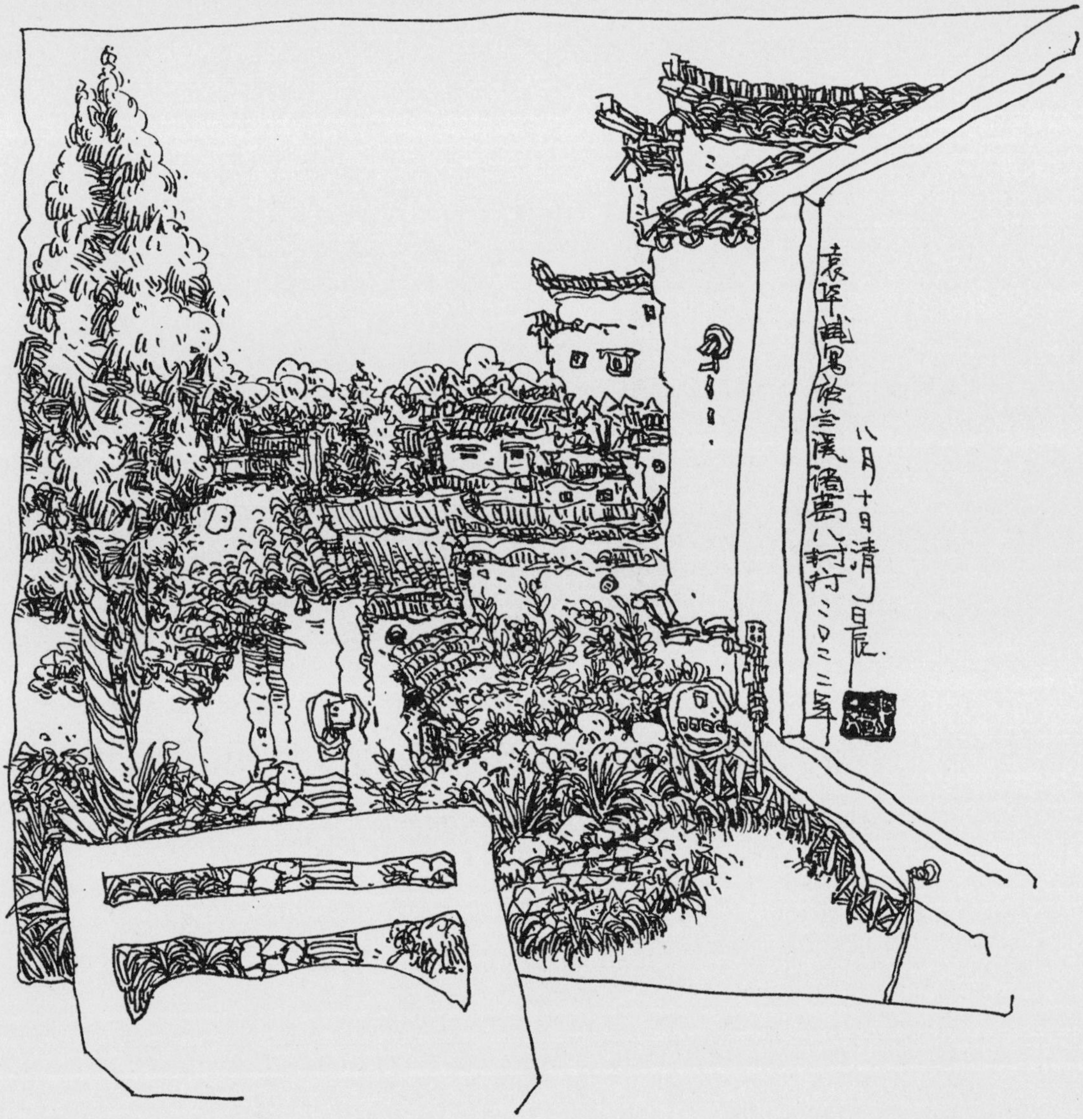

袁华斌写於兰谿 诸葛八卦村
二〇二二年 九月九日

袁华斌写于兰溪诸葛八卦村
二〇二二年 七月三十一日

向心而作

毛夏莹（浙江衢州）

壬寅年夏，一群有趣的人在兰溪相遇，结伴而行，“向心而作”。兰溪是金华的一个县级市。很多人可能没听过它的名字，但名声在外的游埠豆浆，其实就出自这里。

我们入住的民宿澹明轩在兰溪诸葛村，沿用的是诸葛家族的堂号。山林、古树、老宅、村庄，一种独属于乡村的静谧，构成我对这里的第一印象。民宿主人何先生向我们介绍他的外公，是诸葛亮第五十代裔孙，曾为八卦村的传承和发展四处奔走。如今，诸葛村这个过去默默无闻的古村，已成了热门景点和考察热点。

我们时而跟随夏老师穿梭小巷，时而独自前往村内。日出而画，日落而评，节奏紧凑。在写生过程中，我重点考虑构图、画面的整体关系，也注重画面的镜头感。在表现技法上，有时着重叠加表现，有时追求一种写意的快感。写生并非复刻自然，而是于绘画过程中探索一条通往自然之本质的路径，这种写实精神，是谓“向心而作”。

在“边走边画”活动中，我们不仅与自然亲密接触，描绘眼中所见、心中所想，而且与朋友相谈甚欢、联络情感，欢欣之至。

我们从街尾村走起
边走边谈老街的变化
过去曾是热闹与繁华的
那时的老街是一条狭窄的
街道 长有千余米 宽约两米
狭窄的路面上铺的是鹅卵石时
常有小孩光着脚在石头上狂奔街
道两侧大多为木质结构 底层为商铺
二楼村民自住 曾生活在老街的人回忆
起当时的老街的情景 他们说 老街街头最
为繁华街尾村由于是埠头段 船只来往汇集
此处 十分热闹 街道两边满满都是商铺 有
药店 棉花店 打铁店 雨伞店染布店等 经
营着各式各样的商品 方圆几十里村民均来
老街购买生活用品 老街内人来人往 热闹非
凡 我未见过老街的热闹
仅能从人们的叙述里
想象着老街的繁华 在
人们的叙述里 似乎能从
那一排排的房那一排
排的房子里幻听
到商品的交易
声与孩童
们的欢
笑声

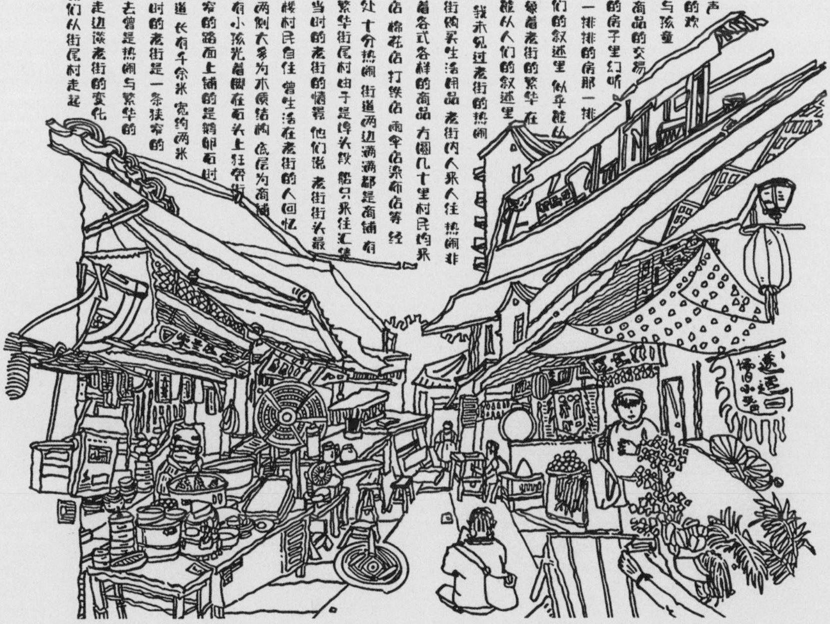

去见老友吧

田甜（辽宁锦州）

许多人都怀有古镇情结。江南水乡，烟笼人家，空气潮潮润润，草木凋零得慢，让人在目不暇接的美景中窥见人世间的美好。太阳朝升暮落的罅隙里，扑面而来的烟火气，为这座古镇增添了鲜活灵动的气息。清晨的早餐摊、洗衣物的老妪、追逐嬉闹的儿童、傍晚河边的麻将摊……好一幅人生百态图。

过去每年去敦煌是习惯，近几年每年下江南也是习惯，为了见一见好友，一起在村子里闲逛，寻找可以入画的景色，烈日下跟小伙伴坐在凉粉摊前，眼前的房屋被好友收入画中，距离不再遥远，假期变得值得。

跟随“边走边画”第五个年头，除了绘画上的进步，还收获了许多好友，也多了几处“故乡”。画过的乡村越多，对乡村的情感越深，也越发激起保护乡村、守护乡村的念头。日出而作，日落而息，在柴火饭的香味中早出晚归，从不觉得疲倦，总想再多住一段时间，放下快节奏的生活，只投入一件事，并且坚持很多年，这是最美好的事。

进村写生成了每年最期待的事情，期待见到老友，期待共同用画笔守护一个村庄，期待所做的事情变得更加有意义，所以，每年夏天，我们按时出发，去见老友吧。

T.T.
2022.11.21

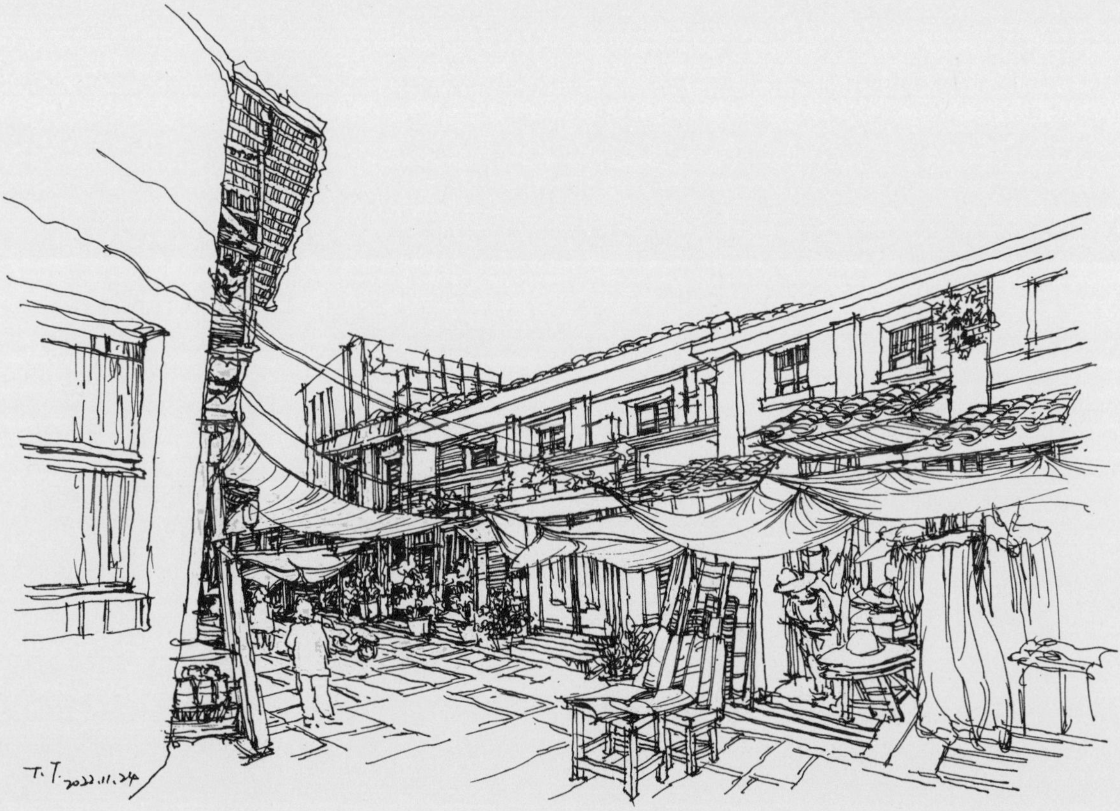
T.T. 2022.11.24

T.T. 2022.8.7

T.T
2022.11.22.

手绘与热爱

杨璐璐（四川南充）

这个夏天总要下一趟江南吧，水墨诸葛，白墙黛瓦，一半人间烟火，一半诗画梦境，应了那一句“一生痴绝处，无梦到徽州”。

安静、自由、炎热、慢节奏……这是我进入诸葛村的初始感受。炎炎夏日，一群志同道合的手绘爱好者相聚古村，相识于这个 8 月。每天天微微亮，大家背着画板出门，穿梭在古村的各个角落，取景拍照。我喜欢背着画板奔走在古建筑与杂物之间，身居场景之中，用写生来表达我对这个世界的热爱。8 月，骄阳似火，树影流动，某个炎热的下午，独自在诸葛祠堂一个隐秘的小角落死抠建筑的结构和纹理，感觉很奇妙，写生仿佛哲学探索，也是跟自己的内心对话。

夜幕降临，依依不舍收拾工具，总觉得还没画尽兴天就黑了。大家展示当天的成果并相互点评，夏老师分享国内外优秀作品，在严谨又自由的氛围中，学习初见成效，我找到适合自己的线条风格，“拙而不乱”。短暂的相处中，还收获了真挚的友情。我看到队员对绘画的热爱与眼里的光。每个人对绘画的理解是不同的，有理性的，有感性的，每个人都将眼中的场景转换成画面，记录这段时间的兰溪。

我一直坚持手绘，把爱好变成工作的一部分，使我对生活充满了热情。画画对我来说是一件幸福感满满的事情，我很享受绘画带来的心静的感觉，可以通过手绘来表达心情。希望身边喜欢绘画的朋友能坚持这份美好，将“边走边画”的精神传递下去。感恩夏老师的指导，感恩朋友们的照顾，我们相约未来的“边走边画”。

你坚持的东西总有一天会反过来拥抱你！

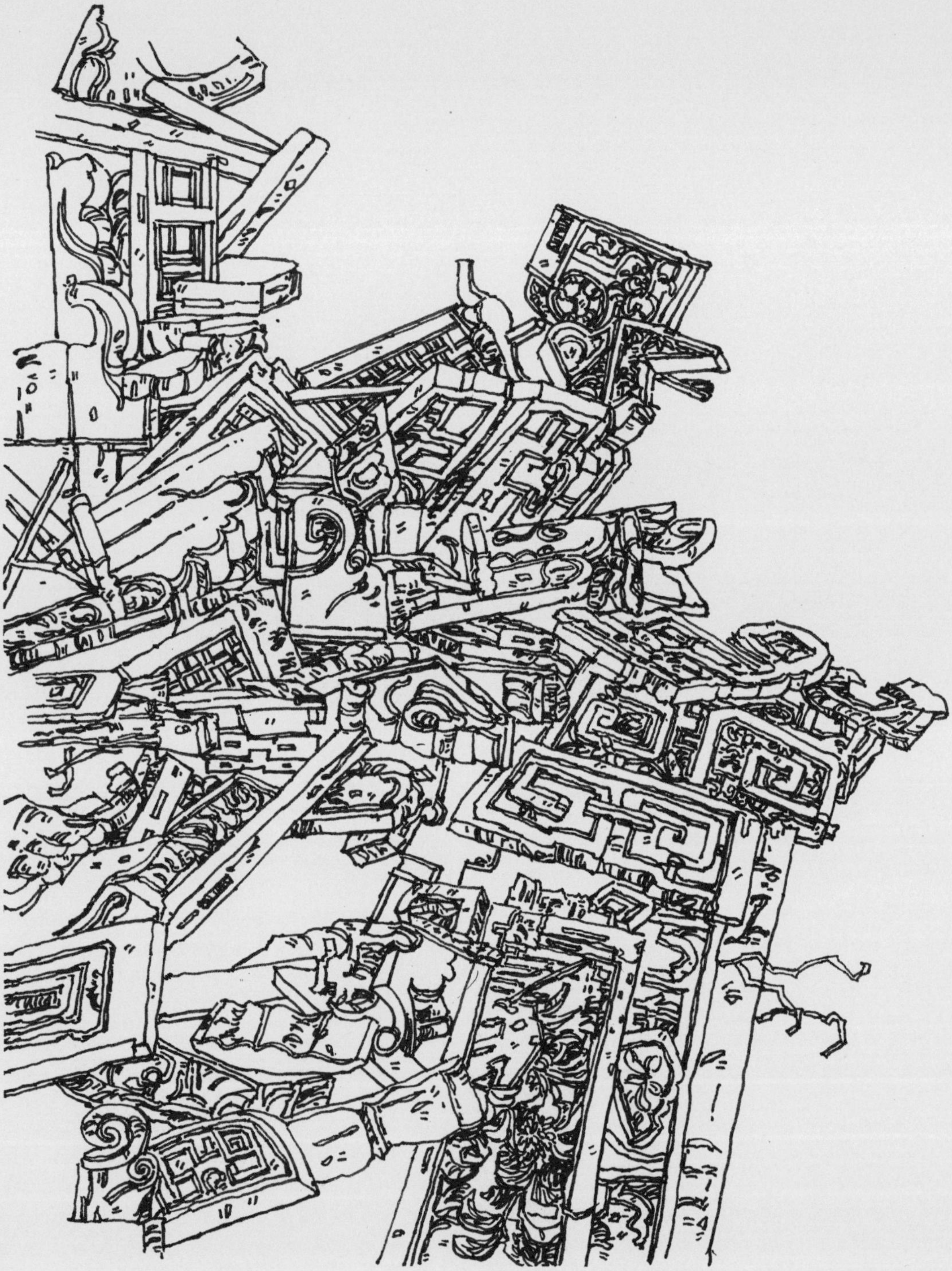

YLL二O二二年八月兰溪留

寻梦江南
我在游埠
杨璐璐 二〇二二年八月兰溪 游埠

YLL 兰溪

走出来，去生活

陆盈睿（浙江杭州）

伴随着一场清清凉凉的太阳雨，我跟随夏老师的“边走边画”团队来到诸葛村。这是一个很美的地方：白墙黛瓦，青石小路漫漫；碧瓦朱檐，木雕斗拱依旧。同时，这也是一个充满烟火气的地方：一碗茶，一局牌；扛上锄头，洗上衣裳。我喜欢这里，点一份龟苓膏，听着身边的方言谈笑，安静地画画。

8 月的太阳总归是火辣的，但大伙儿的绘画热情也是高涨的。白天漫步在诸葛村街头，总能看到一个个专注的身影，哪怕烈日灼烧皮肤，哪怕汗水打湿衣衫。到了晚上，民宿展厅的灯就会亮起来，大伙儿聚集于此，交流一天所画。记得有一晚我们正在分享作品，恰逢村里停电，然而并没有人就此离开，反倒不约而同拿起手电筒继续看画、评画，房间里一片会心的笑声。

在这里，我很容易与其他人交上了朋友，都说共同生活最能拉近人与人之间的距离，我们似乎渐渐忘记了自己原有的身份，只知道大家都是创作者。我们天南地北地聊着，我们交流创作经验与心得。我觉得自己的速写能力得到了充分的锻炼，并战胜了胆怯：刚开始我还是不敢画，一方面确实好久没出来写生了，另一方面总是会有“万一画得太差，岂不会遭人耻笑”的想法。随着日子一天天过去，下笔越发流畅，又在交谈中、在大伙儿的作品中汲取了不少经验，比如对大面积墙面的处理、藤条的奇妙运用、构图用的视角等。

回杭后我整理了在兰溪的作品，小品不少，唯少了几分精度，所以我在草图的基础上重新绘制了一批，并创作了两张小景。我一直认为重复是一个好习惯，也许草图可以快速地捕捉一种“感觉”，但创作就应该严谨，去揣摩究竟是什么造就了那一种“感觉”，这需要一次次的尝试、一次次的重复。

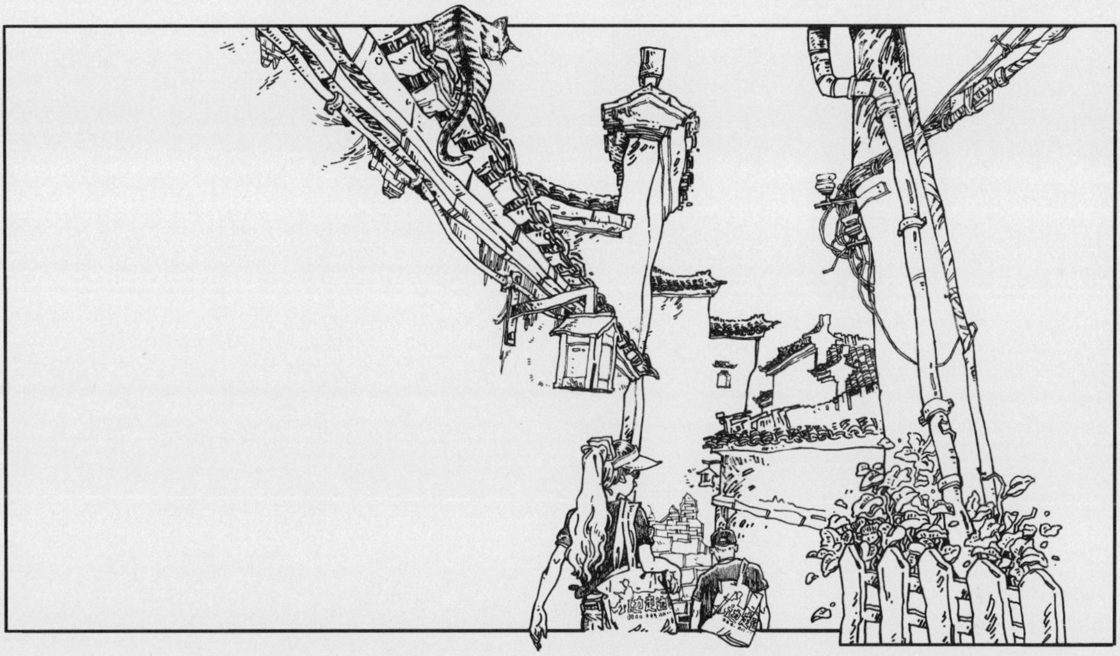

2022.8.

生活就是计划着下一场逃离

陈世康（浙江杭州）

在兰溪的日子里，我是属于白天的。在一场画展上，宣传片里画家说自己是一个爱在白天画画工作的人，让我非常羡慕，因为，在平常，我是属于黑夜的。白天，我总是被各种消息和事情搞得坐立难安，只有到夜深人静的时候，四周的声音和脑内的杂音同时收住，我才能听到心中的声音。

在诸葛村，当我听到满池荷花荷叶轻摆的声响，听到掠过树梢的风声，听到夏夜蝉鸣，甚至听到晚饭后村民跳广场舞的乐音，我发现自己不再纠结脑内的是杂音还是指引，而可以随心去聆听了。我才明白我需要的不是绝对的安静，而是一颗平静的心。我在兰溪，在这个逃离日常的地方找回了我的白天。

接着，我找回了更多的东西，比如阳光的颜色，比如朝露的温度，比如花草树木的笑语盈盈。我用画笔记录下来。我画白墙黛瓦，我画手工店里的木雕，我画池塘边一株不怕晒的树。

我也画人。这里的人活得好悠闲。诸葛村里，慢悠悠地吃面的村民；游埠早市上，从周边地方专门开车过来吃早餐的人。我开始思考，原来早餐是一件这么郑重其事的事。也许，当早餐不再是早餐的时候，生活的滋味就淡了。万幸，在这个 8 月，我来到了兰溪，复建味觉，心中的声音伴随五感的回归，也变得坚定而响亮。

在兰溪，和良师益友一起，忘却城市的纷扰，花上几个日夜只为了琢磨一幅又一幅画，我越来越感觉到，人不是机器，因为人要逃离繁杂的琐事和机械的劳作，逃离规章和指标，逃离流水线和打卡机，逃到日常之外。

这大概就是边走边画的意义吧。

线条的律动让人着迷

李钰川（福建厦门）

“青砖黛瓦马头墙，肥梁胖柱小闺房”，古村、古巷、古砖、古石……一切仿佛在提笔时静止，又随着笔下的线条而流动起来。

2022 年夏天，有幸跟随“边走边画”团队结缘诸葛村，是我沉闷暑假里感受到的一缕清风。

这是诸葛亮后裔聚居的一处古村落，村内屋连屋、巷连巷，布局十分奇巧，徽派建筑高高低低，错落有致。漫步其中，似入迷宫。建筑令我着迷。择一处阴凉地，选一角最爱景，满目黑白灰的曼妙，化作纸上动人的瞬间。作画数小时，线条在纸上畅游，分不清是我提着笔弯绕，还是笔牵着我转折，总之是为线条的律动深深着迷。往来的行人步履轻松，慢调子的生活也带动我静下来，耳畔不时传来鸡鸣狗吠，淡淡的荷香直沁心脾，委实找不到不爱诸葛村的理由。

美好的时光总是那么短暂，9 天的活动，每天都那么充实。采景、拍照、写生、研画……在老师指导下，我慢慢找到自己的风格，和一群志同道合的画友学习、进步，每天都收获满满，连做梦都香甜。

未来，“边走边画”的精神会在我的生活中延续。

2022. 8. 7.

带着画笔探寻生活

陈玥而（浙江杭州）

2022 年夏天，我有幸跟随老师和学长们参与“边走边画”活动。

从夏天到冬天，其实也才隔了一个秋天，但是纷纷扰扰的日子好像拉长了时间，在整理这些练习时，那个夏天又好像近在昨天。

诸葛村游人不多，纵横交错的青石小巷里少有人声。我背着画具在村子里漫步，仿佛在探险。村中心有一个池塘，围绕着池塘的是层层叠叠的老房子。有些房子充满生活气息，摆放着各种生活用品和厨具农具，随性又不失整洁；有些房子已无人打理，梁柱歪斜，墙皮脱落，野草在砖石之间野蛮生长。

我在少有人声的黑瓦白墙之间穿梭，寻觅角度，停留作画。周围最大的声音就是风刮过树木和瓦片的簌簌声，安静得让人恍惚。

除了诸葛村，“边走边画”活动还安排我们去探访游埠古镇。与八卦村相比，游埠古镇非常热闹。我们天不亮就出发，在晨光中抵达，就是想好好观察古镇灵动的早晨。

游埠古镇老街区完整地保留了喝早茶的习俗，天刚亮就开始热闹起来。商户开门营业，街头巷尾人来人往，锅碗瓢盆的碰撞声、沿街叫卖的吆喝声、食客的闲聊声，各种声音汇集交融，满街弥漫着食物的香味，浓浓的人间烟火气息。站在街头，我们手笔不停，捕捉写生，记录的是与诸葛村完全不一样的美景。

茶

处宁静之地，寻自我之心

夏沐妍（浙江杭州）

正如诗里所说，“江南光景殊无赖，水如碧玉山如黛”，夏天的江南没有冬日的萧条，多了一丝生气。趁着假期，我也游了一趟江南古镇。

来到诸葛村，入眼便是无尽的碧绿，满池荷香是我对这里的第一印象。

诸葛村并不大，弯弯绕绕的小路由村中心的钟池延伸出去，连接每一户人家。村里最热闹的时候是清晨，那时温度还不高，人们围坐在桌前一起吃饭喝茶，聊家长里短，池塘边传来阵阵捣衣声。

村里随处可见杂物。成堆的杂物无序地摆放着，破旧的外表显露出岁月的痕迹。我喜欢跑到村民家里画杂物，画他们的生活。

这里的人爱种花，村里处处都有花，漆黑沉闷的水缸里也能开出一朵莲来。成片的花，朴实又热烈。一边作画，一边赏花，不失为一种乐趣。

越是纯粹的生活，越能感受本心。平常，即便有闲暇，我也懒于动笔，因此总是怀疑自己是否真正热爱画画。来到兰溪，跟随师长们一起学习，摆脱外在的羁绊，有的只是一颗热爱的心。白天顶着高温酷暑作画，夜晚沿着一路的灯笼回家，这段经历难忘难得，离开时我尤为不舍，我爱这里的草木，爱这里的烟火气。

这趟兰溪之行，意义不止于学习绘画，更在于抛开繁杂的事务，找到被遗忘已久的初心，是一趟追寻自我之旅。

XMY
2022.10.30

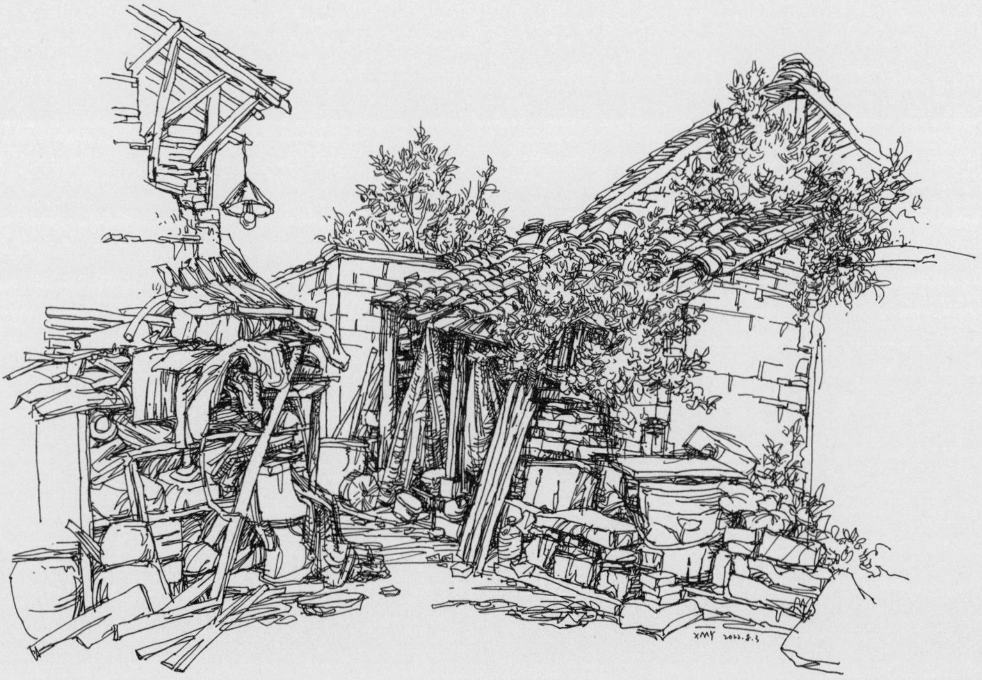

XMY
2022.8.5

“边走边画”第七季成员

夏克梁 | 张　莹 | 谢祥国 | 魏学锐 | 秦　磊

袁　芳 | 秦秀娥 | 张贝贝 | 林嘉鹏 | 杨璐璐

李钰川 | 宋子良 | 周锦绣 | 袁华斌 | 向　俊

张书山 | 毛夏莹 | 胡其梅 | 田　甜 | 唐　靖

陆盈睿 | 陈世康 | 夏沐妍 | 陈玥而　等

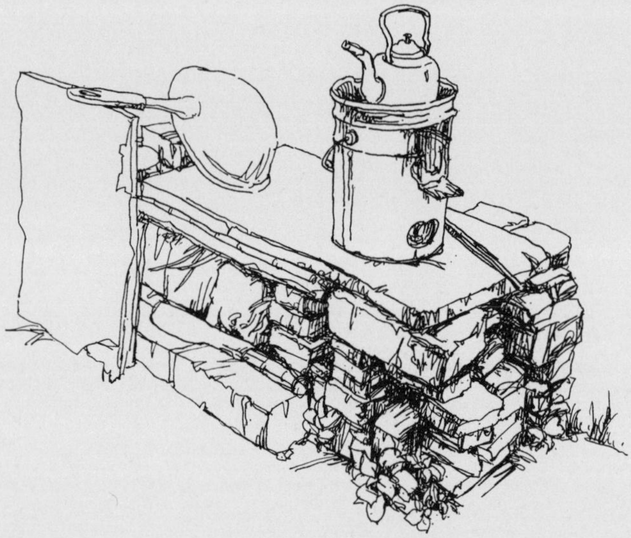

户外操作台
作者：夏沐妍

更多团队成员手绘内容
请关注“边走边画”微信公众号

我们用手中的画笔描绘现存的古村落、老街和传统建筑
作者：周锦绣

04.1 『边走边画』团队

04.1.1 团队简介

“边走边画”是一个以古村落为主要描绘对象的民间绘画组织，组建于 2015 年。团队以钢笔画、马克笔绘画等形式，与中国传统民居文化相连接，借用手中的画笔，将正在消逝的古村落记录下来并展现给公众。

古村落是我国数千年农耕文化的结晶，具有悠久的历史和深厚的底蕴，既包括民居、桥梁、庙宇、村落规划、名木古树等物质文化遗产，又涵盖各类民风民俗、传统节日、民间信仰、传统技艺等非物质文化遗产。

随着城市化进程，生产技术不断进步，建筑材料不断发展，设计理念不断提升，人们的文物保护意识淡薄，导致越来越多的村落趋于同一，千篇一律、缺乏美感的民居建筑充斥于各地乡间，极具地方特色的古村落作为人们心中乡愁的载体，则渐渐地消失于大众的视野。

“边走边画”是这样一群人，他们从艺术的角度入手，发掘传统文化的精髓，记录、展示并传播特定时段的地域建筑文化，让人们认识、感受传统民居文化，同时也为古村落研究提供资料。团队每年选择一处具有历史、文化价值及鲜明地域特色的古村落展开主题写生创作活动，历年来走过的古村落有：河北省邢台市太行山区的英谈古寨，福建省三明市尤溪县桂峰村，浙江省丽水市松阳县枫坪乡沿坑岭头村，浙江省温州市文成县雅庄村、桂竹村，浙江省嵊州市崇仁古镇、华堂古镇、小昆村，浙江省宁波市奉化区溪口镇岩头村、石门村。浙江省兰溪市诸葛八卦村、长乐村等村落是“边走边画”团队主题写生创作活动的第七站。

“边走边画”是这样一群人，他们以绘画为媒介，在导师的带领下写生、学习、交流。团队中有艺术家、建筑师、设计师、教师、绘画爱好者等，大家虽然职业不同、画风不同，来自不同的地方，但都热爱绘画，通过学习、交流，都有不同程度的进步。

“边走边画”是这样一群人，他们在描绘古村落的同时不忘社会责任，深入古村落开展主题写生创作活动时都会举办爱心公益活动。他们向村落中的孩子们赠送马克笔、速写本等画具，手把手教孩子们画画，引导孩子们体会艺术的美好，让孩子们学习使用手中的画笔描绘美丽的家乡，发

1 2
3

我们从艺术的角度入手，现场记录眼前的老房子 _1
摄影：宋子良

每一次活动我们都不会忘记献爱心，除了给村里的孩子赠送画笔之外，还有一堂美术公益课 _2
摄影：夏克梁

再破烂的建筑，在我们眼中也是最美的风景 _3
作者：夏克梁

现并留住身边的美，为古村落保护撒下希望的种子。他们还给村里的贫困、孤寡老人和留守儿童捐赠慰问金，使其感受社会大家庭的温暖。

“边走边画”是一群人，是一个团队，更是一个平台。团队目前在北京、哈尔滨、南京、郑州、重庆、石家庄、济南、合肥、广州、长沙、厦门、澳门等 30 多个城市和台湾地区设立分社，并定期组织古村落主题写生创作活动。团队与各地多家民宿结成合作关系，为“边走边画”成员提供优质的学习、交流、创作环境。在地方政府的大力支持下，随着分社的增加和合作关系的扩展，以及社会影响力的逐步扩大，势必会对村落的地方经济发展产生一定的推动作用。每次主题写生创作活动结束后，团队会将部分优秀作品及对应的文字整理成册，出版发行。“边走边画”系列丛书至今已出版的有

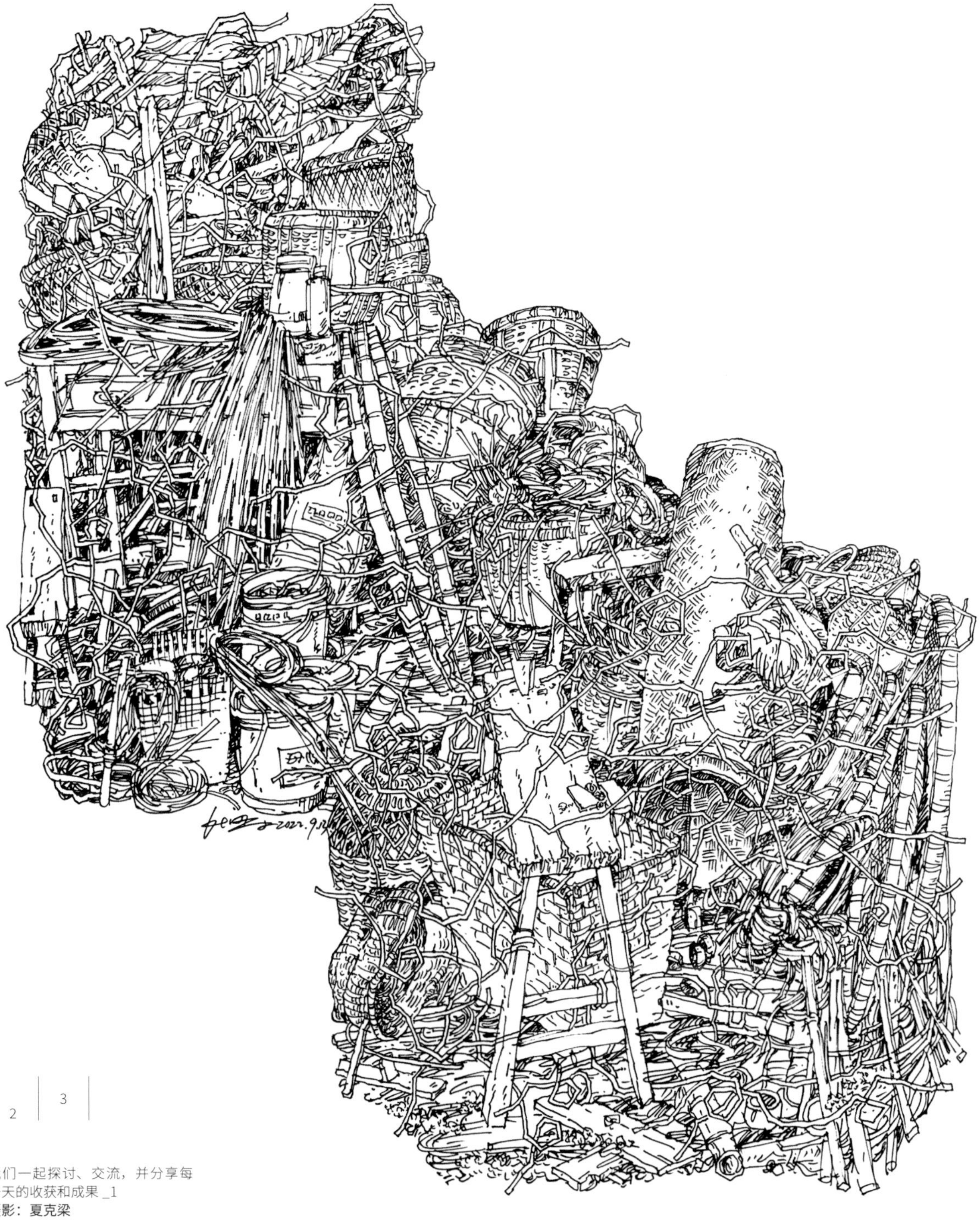

1 2 | 3

我们一起探讨、交流，并分享每一天的收获和成果 _1
摄影：夏克梁

我们更关注街头的传统匠人 _2
作者：夏沐妍

我们关注非遗、关注传统技艺 _3
作者：夏克梁

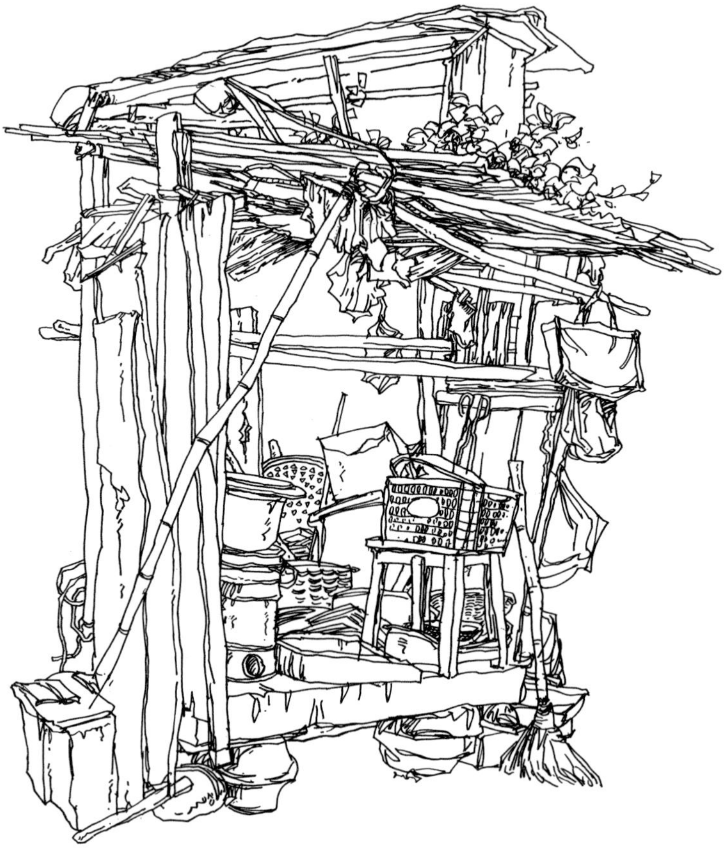

1 2 3

我们深入生活、体验生活、热爱生活，哪怕是场景中一个简易棚甚至一堆杂物，我们也觉得是美的，因为这就是真实的生活 _1
作者：夏沐妍

我们用最简单的方式记录现存的古村落 _2
作者：陈世康

杂物堆 _3
作者：夏克梁

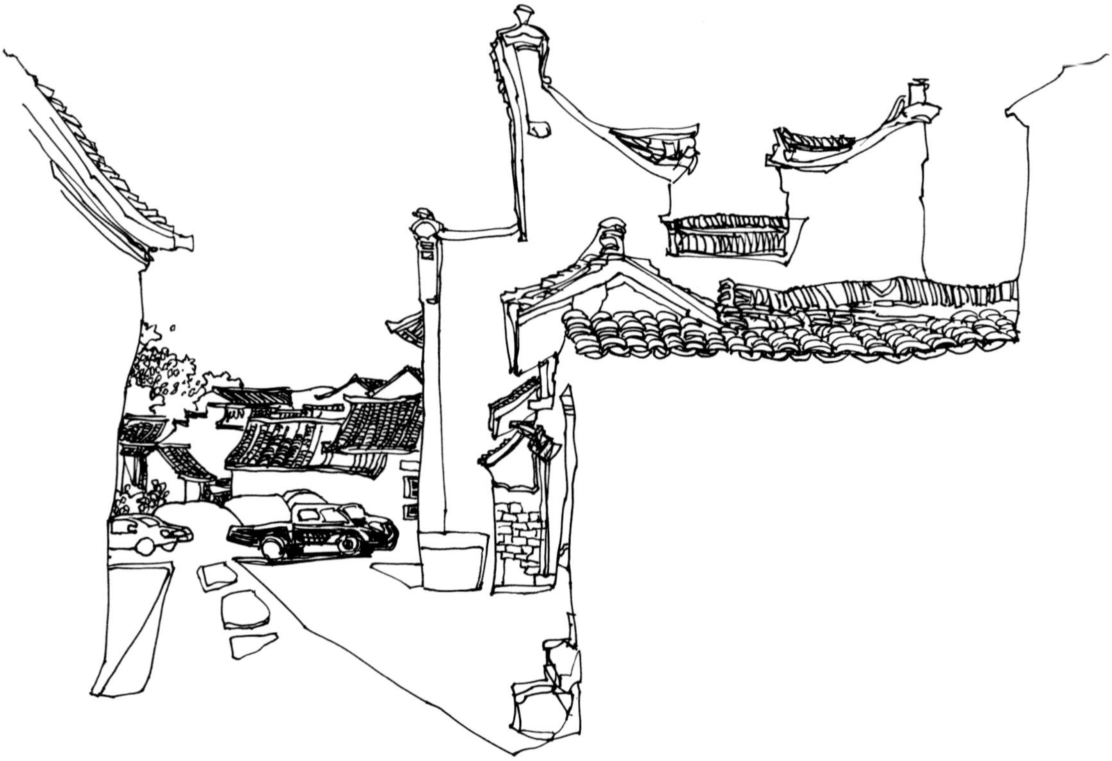

《边走边画 · 英谈古寨——走进太行古村落》《行画古村落——走进松阳》《行画古村落——走进文成》《行画古村落——走进嵊州》《行画古村落——走进奉化》《行画古村落——走进慈城》。今后，团队将以展览等形式将优秀作品呈现在公众面前，在供历届成员学习、交流之余，也为宣传古村落保护提供一个载体。

“边走边画”，见证历史、记录历史，关注社会、回报社会，传递爱、播种美；游走于过去与现在，穿行于乡间古道、山林竹海，边走边画……

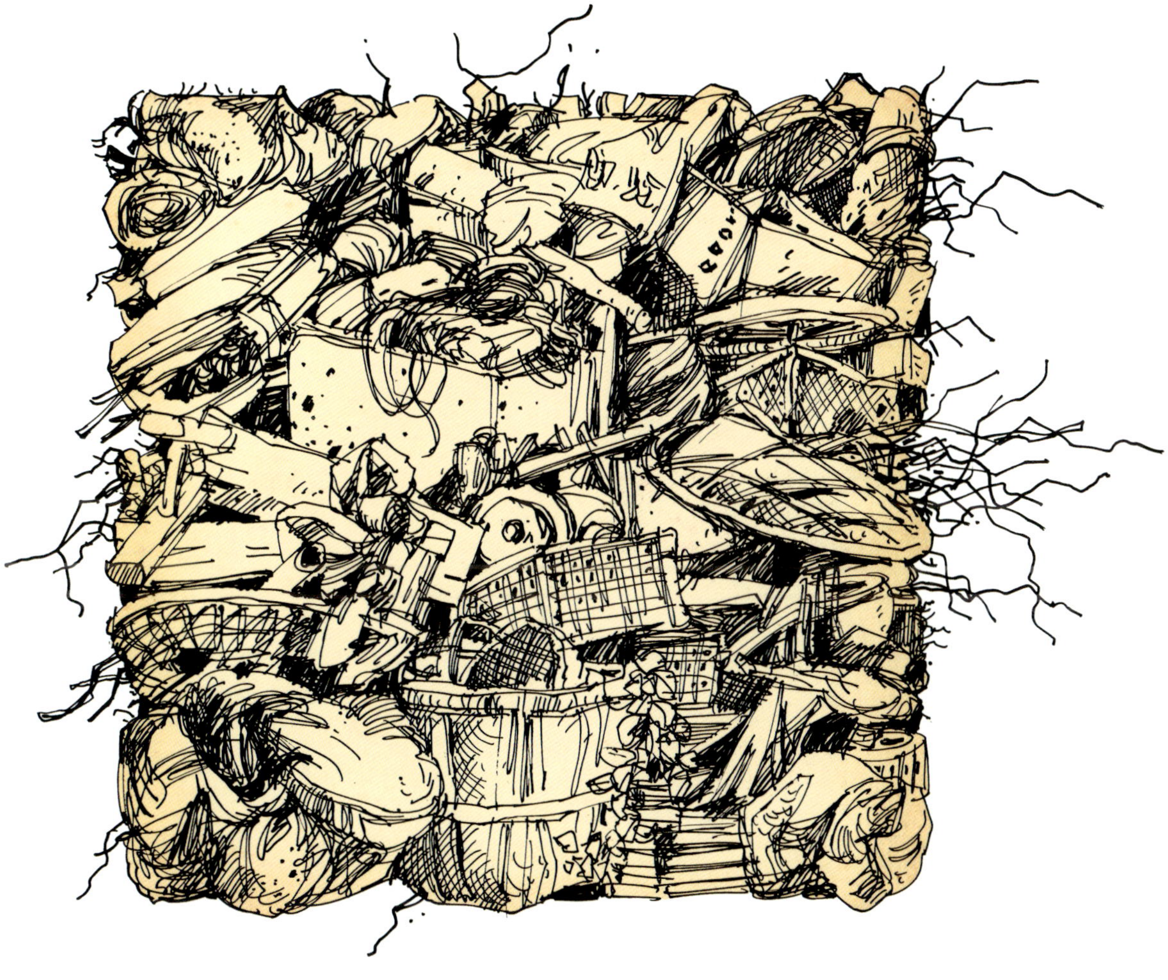

04.1.2
第七季活动

2022 年 8 月，“边走边画”团队来到浙江兰溪，开展第七季主题写生创作活动。诸葛八卦村至今已有 700 多年历史，是本次活动的主要写生地。青山、翠竹、石桥、石路、老宅、古树以及朴实的民风，无一不在向成员们诉说着这里的故事。

| 1 | 2 |

我们拥有共同的目标，我们来自五湖四海 _1
摄影：张莹

每个人记录的方法、表现的题材都不一样，但我们都是用心的 _2
作者：夏克梁

本季活动团队有新成员 10 人，外加特邀的往届成员及组织老师，一行 20 余人。他们来自全国各地，北至辽宁，南至广东，西至四川，会聚近 10 个省份的艺术家和绘画爱好者。他们当中有美术工作者，有高校教师，有设计师，还有企业高管。

在活动过程中，成员们充分发扬乐观向上、吃苦耐劳的精神。每天天刚亮，大家就起来了，匆匆吃过早饭，就带着画板、画笔和纸漫行于巷道中、屋檐下、池塘边，开始写生创作。晚上，回到驻地后，大家

又聚在一起，继续画画、讨论，直至深夜。兰溪夏季气温很高，连续数日接近 40 摄氏度，但大家不惧酷暑，头顶烈日，专心画画。活动最后一天，大家将写生作品集中摊放在大公堂前的地面上展示和交流，那是“边走边画”独有的“晒秋”景象，从中能感受到“收获”带来的欢喜。

活动期间，“边走边画”每一名成员都在现场用心地记录自己的所见；活动结束后，他们又用创作的方式继续感受村落的美。“边走边画”系列丛书之《行画古村落——走进兰溪》即将付梓，而团队已在去往下一站的路上……

1 2

“边走边画”独有的“晒秋”景象 _1
摄影：张莹

用心记录诸葛八卦村的一屋一树 _2
作者：夏克梁

我们起早贪黑，为的是再多画一张
作者：袁华斌

诸葛八卦村 04.2

04.2.1 历史概况

诸葛八卦村，原名高隆村，位于金华市兰溪市西部 18 千米，是诸葛亮后裔最大的聚居地。村中有三奇。一奇：村民绝大多数是前蜀丞相诸葛亮的后裔。据 1993 年第七次诸葛亮学术研讨会统计，全国有诸葛亮后裔约 16000 人，聚居于诸葛八卦村的有约 4000 人。二奇：村落布局精妙，从空中俯视，呈八卦形。三奇：此地完整保存大量元、明、清三代古建与文物，最久远者距今 700 余年。

村中建筑依九宫八阵图布列，保存大量元、明、清古民居，极具历史和文化价值。该村地形如锅底，中间低平，四周渐高。四方来水，汇聚锅底，形成一口池塘，即钟池。钟池是诸葛八卦村的核心，也是布列八阵图的基点。钟池不大，半边为水塘，半边为陆地，形如九宫八卦图中的太极。村落以钟池为核心，八条小巷向外辐射，形成内八卦；村外八座小山环抱，形成天然的外八卦。

1 2

俯瞰诸葛八卦村 _1
作者：宋子良

诸葛八卦村布局精妙 _2
作者：宋子良

走在村中会发现，窄巷中相对的两户人家，家门却并不相对，而是错着开。当地人称之为“门不当，户不对”。村民们说，这种建筑格局有利于处理好邻里关系。此地民居多为四合院式建筑，四面封闭，中留空间。房屋前沿比后沿高，下雨时雨水都聚集在自家院内，暗含“肥水不外流”之意。

诸葛亮后裔多以经营药材为生，青壮年长年在外，家里防火防水防盗格外重要。因此，在房屋建筑设计上设置了许多附属设施，加强了应急保护。大门多为铁皮包制，上钉铁钉，内用“米”字形铁条加固。山墙多为马头墙，高出一般墙体 1 米左右，如此，即使邻舍起火，火势也不致蔓延过来。院内普遍设有水缸、水池等救火设施，一旦起火，就可立即实施扑救。为防水灾，院中多有相对完善的排水设施。

1 2

具有年代感的石台阶 _1
作者：陈玥而

诸葛八卦村多池塘，村中大大小小池塘共有 18 口 _2
作者：向俊

1 2 3

诸葛八卦村中大量明清时期的建筑，如今保存完好 _1
作者：夏克梁

诸葛八卦村民居 _2
作者：袁华斌

民居中作为饲养牲畜、家禽的附属用房，尽管没有百年历史，但也具有满满的年代感 _3
作者：夏克梁

诸葛八卦村以钟池为中心，八条小巷向四面八方延伸，直通村外八座高高的土岗。小巷中派生出许多横向环接的窄弄堂，弄堂间千门万户，民居星罗棋布，各家各户面面相对、背背相依，巷道纵横，有如迷宫。

有意思的是，数百年来村中居住的诸葛亮后裔并未意识到村落布局的奇特，身在八阵图中，却不知八卦形。直到有人从一部旧书中读到相关记载，才揭示这一奥秘。如今，登上村外的土岗俯视，就能看到整个村落九宫八卦之形。

诸葛八卦村为何如此布局，众说纷纭。有人认为，这种布局是模仿诸葛亮八阵图，是诸葛亮后人根据诸葛亮的阵法精髓而设计，既是对祖先的纪念，又实地保存了八阵图。

村中的建筑，无不在诉说着村落久远的历史
摄影：夏克梁

鄉

| 1 | 3 |
| 2 | 4 |

随笔 _1
作者：向俊

上塘边的永兴隆 _2
作者：周锦绣

村内古建筑历史之久、保存之完整、体量之大，在浙江省内的古村落中实属罕见 _3
摄影：夏克梁

老门 _4
摄影：夏克梁

04.2.2
民居建筑特点

诸葛八卦村村貌
摄影：夏克梁

诸葛八卦村大部分住宅建在起伏的山坡上，从前到后逐进升高，当地人称“步步高”。门头以精美的苏式雕砖门头为主。披檐有简有繁，变化多样。简洁的披檐，结构明快，比例和谐，显示出当地工匠高超的技艺。繁复的披檐则雕刻有精致的牛腿、斗拱、月星等。矮门多是花格心，花巧又轻盈。矮门上方离门楣大约 30 厘米处，架设一道月梁，曲线柔和，施一些浅浮雕，与矮门呼应，完成门洞的构图。大户人家大门包铁皮、钉泡钉，做工细致。

1	3
2	4

诸葛八卦村大多为徽派建筑，在浙江境内这么大体量集中在一个村里实属罕见 _1
作者：夏克梁

因很多建筑建造在山坡上，台阶在村中随处可见 _2
摄影：夏克梁

诸葛八卦村四周均为低矮的山坡，建筑的建造自然便从平地延伸到山坡上 _3
作者：向俊

池塘边的民国建筑，也是旧时的警察局 _4
作者：向俊

二〇二二〇七三〇

八卦餐館

1 | 2

保存完好的明清建筑群 _1
作者：胡其梅

这是民国时期的一座小建筑，在村中位置偏僻，但保存完好 _2
作者：夏沐妍

1 2 3

极其复杂、特殊的建筑结构 _1
摄影：夏克梁

牛腿都是精美的艺术品 _2
作者：袁芳

白墙黑瓦，典型的徽派建筑 _3
作者：袁华斌

村内家家户户贴门联，在两副门扇正中，近中继处又贴一对窄而短的副联。副联较简洁，如“开门大吉，迎春接福”等，门联相对讲究，如“诸葛大名垂宇宙，孔明后裔承祖训”“不须着意求佳境，自有其逢应早春”等。如遇白事，当年门联为蓝色，次年、后年为绿色，上书“慈竹当风空有影，晚萱经雨仍留芳”“径扫丹枫皆丧礼，门临白马尽佳宾”等。门联下方，门钹外侧，贴一对元宝，是金银剪纸的，在元宝形轮廓内剪出喜鹊登枝等吉祥图案。门框两侧抱柱上各挂一只木雕葫芦形或花瓶形香插。

村中最基本的住宅形制，可概括为三间两搭厢、对合、前厅后堂楼、三进两明堂、对合加楼上厅。三间两搭厢，上有楼，通常作储藏用，大型的三间两搭厢是正屋三间、两厢各一间，当中为天井。对合，即密闭“口”字形四合院，其正屋叫上房，隔天

井建屋三间，叫下房。古人认为，门厅有堂门，上房堂屋有太师壁，两者平面合成一个“昌”字。前厅后堂楼，前进为落地大厅，单层，用于迎宾待客；后进为三间两搭厢，有楼，是起居场所。大厅高敞宏阔，前有左右两厢和天井。三进两明堂，三进都有楼，前后可通，三进房子的屋脊，从前往后逐步升高，叫作“连升三级（脊）”。对合加楼上厅，形制是三开间，通敞且高大，梁架华丽，用材考究，制作精细，雕刻讲究，连楼上铺瓦的椽木都刻有流畅的线条。这是诸葛八卦村独有的建筑形制。

04.2.3
主要构筑物

04.2.3.1

丞相祠堂

丞相祠堂为纪念诸葛亮修建，始建于明万历年间，由门厅、中庭、檐廊、钟鼓楼和享堂组成，总面积 1400 平方米，是诸葛氏族的祭祖场所。

1 | 2

丞相祠堂的布局及周边环境 _1
作者：张莹

低调的入口 _2
作者：王俊波

1 3
2

丞相祠堂的内部空间 _1
作者：周锦绣

丞相祠堂内部院落 _2
摄影：夏克梁

雕刻精美的牛腿 _3
作者：许一贤

祠堂坐东朝西，平面按“回”字形布局，有屋52间。祠堂雕梁画栋，门窗栏杆等部件均雕刻精细。中庭建在约1米高的台基上，面阔五开间，进深三间，全部敞开，上用歇山顶。脊高10米，翼角高翘。过去，诸葛氏族子孙考中举人、进士或升官，都在此举行庆典仪式。中庭中央四根合抱大柱，以松、柏、桐、椿四种木料制成，取“松柏同春”之意。两边庑廊各七间，有诸葛后裔中杰出人士塑像，激励子孙奋发有为。由庑廊拾级而上，两旁分列钟、鼓二楼。后面是享堂，中有诸葛亮塑像，高约2米，两侧分列诸葛瞻、诸葛尚及关兴、张苞像，气韵生动。

祠堂只有偏门没有正门，因为祠堂地形里高外低，呈“伏虎”形，兴建时对面住着两户王姓人家。为了邻里和谐，就开两扇边门出入，并用围墙围住头门。头门为歇山顶、五开间、八字门。八字门像一双大手拥抱着诸葛家族。屋檐下的砖浮雕为八仙用具，寓意吉祥，亦使人联想到诸葛亮后裔经营药业，像八仙一样各显神通为民解除疾苦的情景。

04.2.3.2
隆丰禅院

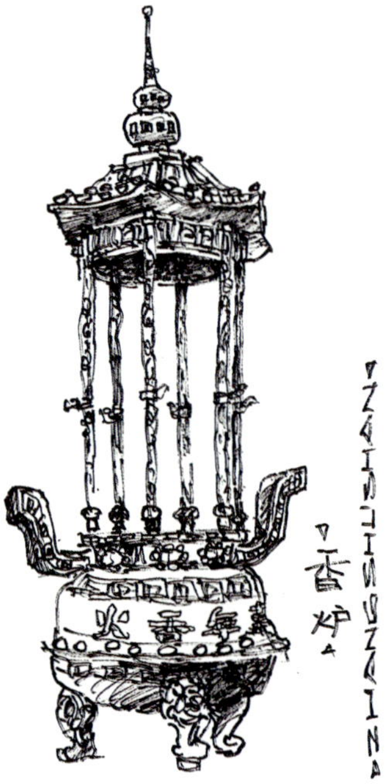

隆丰禅院位于诸葛八卦村西石阜岩，飞檐翘角，殿宇森严。历史上这里有一处神奇的庙宇群，奇峰翠竹，曲径通幽，有幽居庵、翠峰寺、文昌阁、隆丰禅院等建筑，流传着十八金罗汉、金水桶、金扁担的传奇故事。“古寺青山外，疏钟晓雾中。”寺庙历元、明、清三代而香火不绝，有“小灵隐”的盛誉。时光流逝，历史变迁，当年香烟缭绕、诵经之声不绝的庙宇群如今只剩遗址，留下寺山、寺坞、寺畈的地名。诸葛八卦村积极弘扬传统文化，发展旅游产业，2008 年，投入巨资在原址上复建隆丰禅院庙宇群。复建的隆丰禅院，占地 10 万余平方米，由山门、土地亭、大照壁、放生池、鼓楼、钟楼、伽蓝殿、天王殿、观音殿、诸神殿、子孙堂、文昌阁、法堂等建筑组成。该庙宇群按明清寺庙风格复建，以传统技艺施工，依古法装饰。寺庙奉观世音、十八罗汉、弥勒佛、四大天王、真武帝、文昌帝等神佛，延请高僧住持，于 2011 年 12 月 9 日举行开光法会。

1 2 | 3 4

香炉 _1
作者：张书山

隆丰禅院 _2
摄影：何可人

如今的隆丰禅院是 2008 年在原址上复建的禅院庙宇群 _3
作者：张书山

禅院内部院落 _4
作者：林嘉鹏

04.2.3.3
钟池

钟池位于诸葛八卦村中心，在大公堂正前方，面积 0.24 公顷。

钟池，一半水塘，一半陆地，构成太极图，四周延展出八条小巷，形成坎、艮、震、巽、离、坤、兑、乾八个方位。

1 2

钟池一半为水塘，另一半为平地，
具有小广场的功能 _1
作者：陆盈睿

钟池，俗称“八卦池”，是全村的
中心 _2
摄影：夏克梁

04.2.3.4
大公堂

大公堂为武侯公的纪念堂。始建于元代，历经修葺，规模亦有所扩大。格局为五进三开间，大门牌楼式，中央歇心式屋顶，正脊高约 10 米，四个翼角高翘，与屋脊几乎齐平，左右两个较低的屋顶亦潇洒飞扬，檐下用斗拱，黑柱朱楣，重楼叠阁，建筑面积 700 平方米，是全村最华丽醒目的建筑。正门两边有两个大字“忠”“武”，门上有“圣旨”匾额一块、“敕旌尚义之门”横匾一方。据说，明正统四年（1439 年），武侯公第三十二世裔孙诸葛彦祥捐谷 1121 石以赈济灾民，明英宗褒奖其义举，御赐此两匾。

1 2 | 3 4

大公堂是全村的核心建筑 _1
摄影：夏克梁

大公堂的正门及“忠”“武”两字 _2
作者：张莹

钟池旁的大公堂 _3
作者：张书山

大公堂内部空间 _4
作者：张书山

正厅中的《诫子书》充满智慧之语。文章短小精悍，阐述修身养性、治学做人的深刻道理。

第四进，三面为天井，似亭非亭，似屋非屋。在建筑学上，这样的形制称为四梁八柱亭。上方悬挂匾额，上书“隆中云礽”四字，由明崇祯年间进士诸葛义题写。

第五进，高悬诸葛武侯公画像，原画像在“文化大革命”中遗失，现在的画像是诸葛亮第五十一世孙女所作。

04.2.3.5

寿春堂

寿春堂建于清代，经营药材，货真价实，老少无欺，享有很高信誉。“不为良相，便为良医。”这是诸葛家族祖训。聚居于诸葛八卦村的诸葛亮后裔自元代开始经营医药业，明清时期达到鼎盛，在全国开有 200 多家药店。

寿春堂展示中药炮制方法、炮制程序和加工用具，如煎驴皮胶、鹿角胶，又如做药丸用的泛丸筛，晒药片用的匾，煎药用的铜锅，将煎好的药切制成块的锡蒸，等等。

寿春堂还保存了诸葛后裔经营药业的部分器具、药物，有明代的石药碾、清代的药坛，还有碾碗、钱秤、药匙、石药臼、参汤壶、眼药膏瓶，“天一堂”“葆仁堂”印章，以及天一堂的行军散、卧龙丹等。

展柜中有图文介绍当地中医药业发展史，展陈一些古书旧册，如清代刻印的《本草纲目》，诸葛后裔创办的兰溪中医学校的教学讲义，日本印刷的清代《新增验方》。墙上镜框内展示乾隆皇帝夜宿文成药行的故事和用 64 味中药写成的祭文。

1 | 2 | 3

寿春堂狭长的天井 _1
作者：万丙礼

雕工精细的牛腿 _2
作者：秦磊

寿春堂制药间复原 _3
摄影：夏克梁

雍睦堂
治世不尚小惠王佐经纶
讀書略觀大意真儒學問

04.2.3.6

雍睦堂

雍睦堂建于明正德年间，共三进。门前有一小广场，左边有一侧屋，右边隔一条小弄有保存完好的楼上厅民宅。门面以苏式砖雕装饰。中央突出于两侧檐口之上，为三楼式，高约 10 米，檐下有砖的小斗拱，枋上有“亚”字纹，上方横匾刻“进士”两字，两侧墙面为平整素面。顶上有一葫芦，上插方天画戟。整个门面富有层次，线条明快。

雍睦堂于清嘉庆年间大修一次，民国三十二年（1943 年）重修。1949 年后归生产队使用。因年久失修，1980 年后进被毁。1995 年重修时，后进得以恢复。雍睦堂现辟为蜡像馆，有诸葛岘少年时用功读书蘸墨作蜜吃的蜡像、“一科三举”群组蜡像，还展出诸葛琪、诸葛蓉等人的事迹。

雍睦堂 _1
摄影：何可人

雍睦堂外观及周边环境 _2
摄影：夏克梁

雍睦堂繁复精美的门头 _3
作者：万丙礼

04.2.3.7

大经堂

大经堂位于下塘路，是村中十八厅堂之一，建于明代。大经堂是诸葛八卦村仲分雍睦堂房的私己厅，共三进，门头为苏式砖雕。其正前方 20 步外原有一门台，木雕精致，惜于 1972 年被拆除，现存墙基。右侧是一小园，园门门台用小斗拱、托拱搭建。园中种植杜仲、金银花、麦冬等药材。大门两旁有一对旗杆石。根据家谱，清乾隆年间历任江苏八县县令的诸葛蓉出自大经堂房。

兰溪有一句民谚："徽州人识宝，诸葛人识草。"大经堂现为中药标本展馆。馆中近千味中药标本是诸葛后裔采集制作的。前厅金柱上的对联为："药业经营，遍南布北，可从志书查记述；医道高明，救死扶伤，且由《宗谱》说端详。"后厅前金柱上的对联为："丞相子孙勤劳处世，高隆儿女医药传家。"后厅中展示几百种药用动物标本，有穿山甲、林麝、羚羊、玳瑁等。

1 3
2 4

大经堂外观 _1
摄影：夏克梁

大经堂 _2
作者：万丙礼

天一堂的庭院 _3
作者：谢祥国

天一堂庭院长廊 _4
摄影：何可人

04.2.3.8
天一堂

天一堂创始人诸葛棠斋是诸葛亮第四十七代后裔。他生活于清代，原是儒士，后辞官经商，致力于药业。诸葛棠斋精于鉴别药材，善于经营管理，恪守道地药材、货真价实、童叟无欺的理念，以敬业、为民为宗旨，十分重视商业声誉与道德，是当时浙江药业界的佼佼者。天一堂出品的全鹿丸、诸葛行军散、卧龙丹皆依照古方配料精制，为家庭常备良药。

1933 年，兰（溪）寿（昌）公路兴建，原定经诸葛八卦村北漏塘东岸穿行中街，过马头颈而北，如此将破坏诸葛八卦村的精华部分。当时天一堂东家诸葛泰反复向当局据理力争，设计方案得以变更，公路改由村东小山外侧上徐村经上水碓北去，诸葛八卦村由此得以完整保存。

04.2.4
民俗文化

1 | 2 3

诸葛八卦村是一个有着延续数百年传统民俗的古村落 _1
作者：向俊

“迎龙灯” _2
作者：任舒怀

每年正月十五，诸葛八卦村都举行传统的“迎龙灯”活动 _3
作者：宋子良

04.2.4.1
元宵节“迎龙灯”

农历正月十五是中国传统的元宵节，元宵节之夜，诸葛八卦村会举办历史悠久的民俗活动“迎龙灯”。诸葛八卦村的龙灯属于桥灯，又称“板凳龙”，分龙头、灯桥、龙尾3个部分。龙头以又细又韧的篾条扎成框架，外面糊以棉纸，涂绘色彩后再做各种装饰，龙眼凸出，龙须遒劲，形态逼真。灯桥，顾名思义，是由灯连接而成的桥。长约1米的桥板上缠扎3盏花灯，称为“一桥灯”。形制硕大的龙灯，灯桥部分由数十桥灯连接。灯桥末端与1米多长的龙尾相连。龙尾制作与龙头相似，都是篾扎纸糊，再饰以色彩。

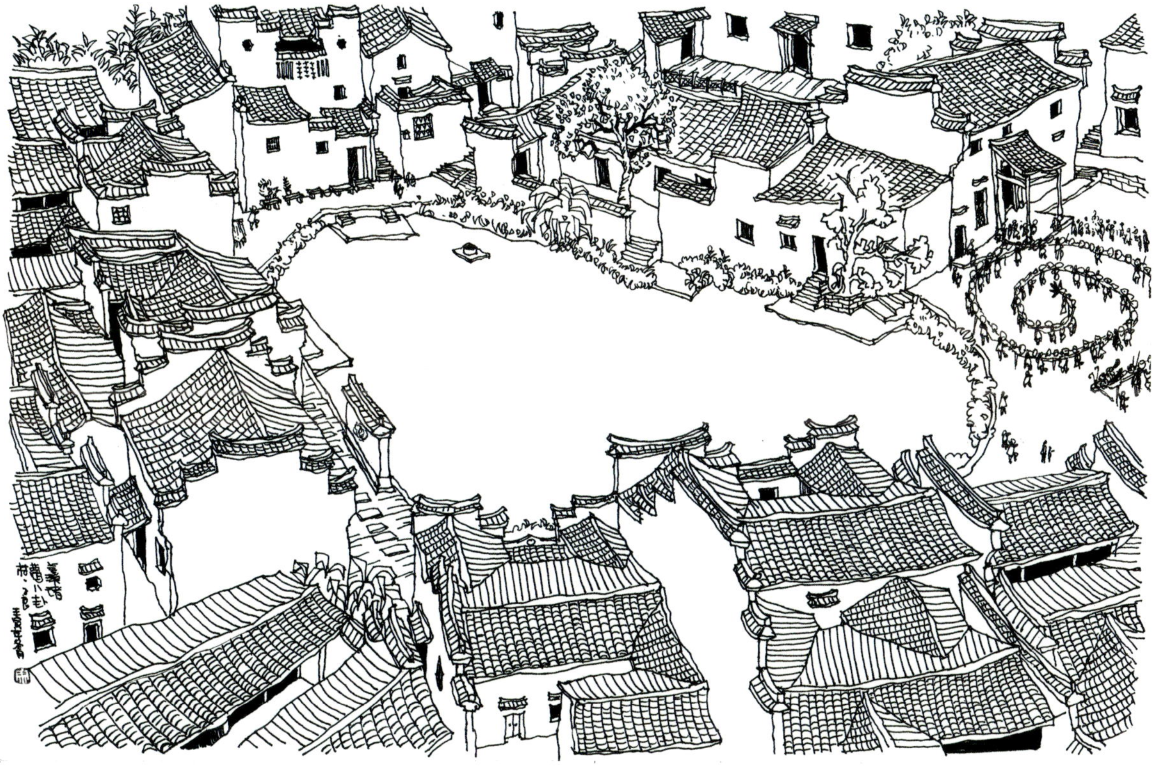

龙灯所到之处，总有响亮的鞭炮声和璀璨的烟火。在这吉祥欢乐的氛围中，游客和村民们燃放孔明灯，一只只写满祝福心语的孔明灯徐徐升上夜空，村落上空一时星星点点，格外喜庆。

1
2 3

除了“迎龙灯”，双狮闹元宵也是重要的传统项目 _1
摄影：何可人

狮头 _2
作者：任舒怀

大红灯笼、大红绸带高高挂 _3
作者：许一贤

04.2.4.2
迎娶

迎娶，也叫迎亲，是婚礼的一道程序，由男方请期，获女方允许后进行。男方迎娶女方，先要起节，托请媒人向女方递交结婚日子书，并送去一定金额的起节礼金。通常，上半年迎娶，于春节起节；下半年迎娶，于中秋起节。女方若同意，收下日子书，不同意则退回日子书。农历五月六月不定亲不迎娶，因时逢梅雨季，老话讲“办喜事要触霉头”，不吉利。

过去，婚礼仪式往往要持续两三天。大典前一天，男方要请媒人到家吃“谢媒酒”，女方家人来“铺房”或“暖铺”（多由父母健在、已生育子女的男子暖铺），从迎娶到闹洞房，礼节仪式丰富多彩。迎亲队伍出发到女方家之前，要做各项准备工作。

挽面，又称“开面”。依照旧俗，女性结婚之前不可剔除面部的汗毛。结婚前夕，也就是上头戴髻之前，开始人生第一次挽面。挽面由一名有经验的妇女进行，手执一根坚韧的细线，两手绷线，使之呈两角交叉状，将绷紧的细线紧贴于新娘面部，两手一张一弛，以细线绞除面部茸毛，使面部洁净。这是女性人生中首次挽面，因此人选颇有讲究，负责挽面者多是父母健在、兄弟姊妹俱全之人。挽面结束后，女方要赠送谢礼。

1 3
2

迎娶队伍 _1
作者：陈世康

十里红妆 _2
作者：许一贤

掀起你的盖头来 _3
作者：陈世康

上头戴髻。结婚当日，男方和女方两家分别在自家举行。

男方的仪式是在自家宅院正庭中央设一“五升村”，新郎坐于其上，面朝内，正对神佛与祖先牌位，“好命人”站在新郎身后，为他梳三次头，再帮他穿上结婚礼服，戴上礼帽，接着，新郎祭拜神佛与祖先，祈求婚后家庭和睦、子孙延绵、世代昌盛。

女方的仪式是在同一时段举行加冠礼，俗称“上盖头”。女方家人在正庭中央天公炉下放置一只扁平竹篓，与新郎面朝内不同，新娘面朝外坐在一把专用的椅子上，象征她即将出嫁离开娘家。事先请来的“好命人”给新娘梳头，再插上象征女性成年的发簪。梳头插簪的流程完成，新娘穿上结婚礼服，戴上盖头，祭拜神佛和祖先，然后向父母各敬一杯茶。父母喝茶毕，也要祭拜诸神佛和祖先。

古村落的保护首先需要对兰溪境内进行全面调研和梳理，弄清古镇、古村、老街、老房子的分布情况，并有步骤、有计划地对其进行发掘和修缮。其次，我们要将古村落的开发与保护视作一个不断发展的动态的生命体，着眼于兰溪社会、经济、文化、发展等方面，在开发保护古村落风貌的同时，导入文化创意产业和旅游业，使之成为激活古村落的持久动力。

开发与保护

05

1 2

老屋的再利用是对老屋最好的保护 _1
摄影：夏克梁

瓦当、滴水 _2
作者：陆盈睿、夏克梁

05.1 修缮与保护

古村落保护是一个值得研究和探索的课题，应当始终坚持“保护为主，合理开发，有序利用”的原则，在此基础上采取一系列可行的办法和措施。

（1）古村落的建筑需要经常维护和修缮。当地可以把土木工匠组织起来，成立泥瓦工队、石工队、木工队，常态化对建筑进行修缮，在此过程中，也传承传统建筑工艺。

（2）为保证古村落的安全，可成立由专业消防队员组成的专职、兼职消防队伍，购置消防泵等消防设施，负责古村落的消防工作，同时兼职维护旅游景区的环境和秩序。

（3）为解决文物保护与旅游开发中的各种矛盾、各类问题，可聘请相关领域的专家、学者，组成古村落保护专家组，定期对古村落文物保护进行指导。

1 2

古村落保护，需要聘请专家，经常性给村民普及保护知识 _1
摄影：夏克梁

修缮古建筑时，回购市场中的花板、牛腿等建筑构件，是非常有效的方法 _2
作者：陈世康

| 1 | 2 |

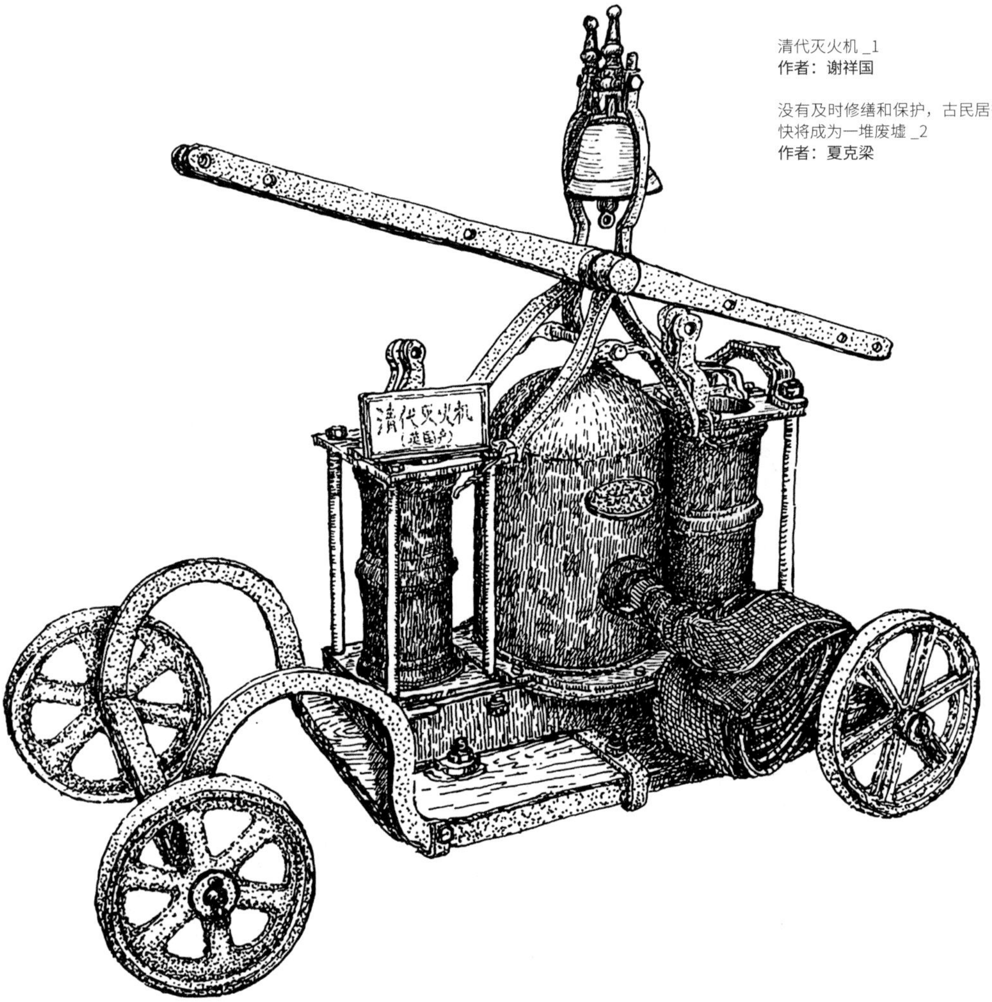

清代灭火机 _1
作者：谢祥国

没有及时修缮和保护，古民居很快将成为一堆废墟 _2
作者：夏克梁

（4）可收购旧城改造时拆除的旧砖瓦、旧石材、旧木料、旧雕花构件等，在维修古建筑时使用，以达到“以旧修旧、修旧如旧”的效果。对一类、二类建筑的修缮要严格要求，上报上级文保部门，制订修缮方案，逐级上报审批，并争取国家部分拨款支持。
（5）对古村落中一些质量较差的偏屋、厨房之类建筑，不允许任意拆毁改造，因为这也是古村落的生活构成，要把它们维修好、保护好，以保证村落结构的完整性。
经过多年摸索与实践，目前许多村落已探索出各具地方特色的古村落保护与旅游开发相结合、村民与古村落和谐共存、古村落保护与新农村建设相互促进的发展模式。

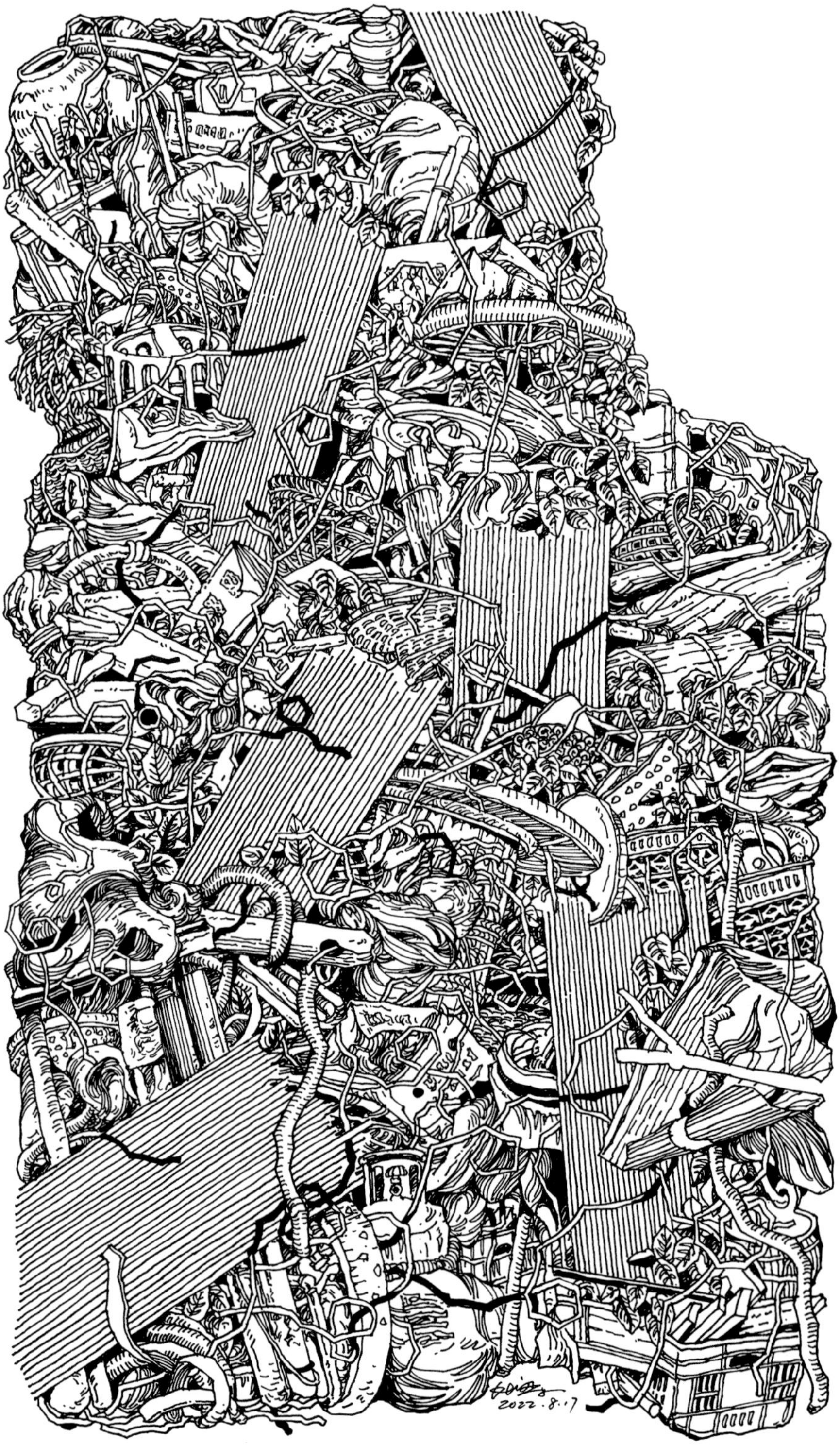

1	2

村落中存在安全隐患的杂物 _1
作者：夏克梁

修缮过程中，牛腿等新构件需要适当做旧 _2
作者：陆盈睿

05.2 开发再利用

文物保护与旅游开发是一对辩证统一体，文物保护促进旅游业的发展，逐年增长的旅游收入反哺文物保护。在文物部门的指导下，各地应合理有序规划，保护范围内不搞大开发、大建设，所有旅游设施都根据保护需要而建，以保护古村落建筑的统一协调，将商业区和居民区适当区分，使村民保留原有的生活方式，自如平和地在村落中生活，保持原汁原味的乡村气息，以利于村落文化的传承和延续。

古村落中新建的房子也要进行统一规划与设计，无序自行建房是对古村落的一种破坏
作者：夏克梁

1 2 3

开发古村落、老街，不但使老房子得到再利用，也使其生命得到延续 _1
作者：陆盈睿

修缮完的古建筑，需要再利用，植入商业是保护、再利用的有效方法 _2
作者：夏克梁、张书山

老房子成了艺术家的工作室，得到了充分的再利用 _3
摄影：夏克梁

室有蒲草香

（1）民居是古村落的重要组成部分，要不断优化村居环境。旧屋再利用应进行合理改造，如增加必要的生活设施等。改造启动前，须先向村委会申请，由文保所和村委会实地勘查报上级文物部门批准后，在不破坏原结构的基础上，在文物部门的指导下进行。

（2）古村落难以满足现代生活方式，在开发过程中，除部分老屋由村集体统一折价收进、统一开发利用外，可考虑规划建设新村，如在新村与老村之间建造老年活动室、幼儿园、图书室、电脑室、健身广场等设施，新村实行统一规划，房屋统一设计，风格与古村落风貌接近。

商业开发既能带动当地经济，又能有效保护老街原貌
作者：宋子良

老店新开
作者：夏沐妍

本书参与作者

文字作者：

吴琼怡、夏克梁等

绘画作者：

夏克梁、向俊、张书山、周锦绣、万丙礼、许一贤、陆盈睿、袁华斌、宋子良、夏沐妍、陈世康、田甜、张莹、谢祥国、魏学锐、胡其梅、袁芳、秦磊、林嘉鹏、张贝贝、毛夏莹、杨璐璐、秦秀娥、李钰川、陈玥而、王俊波、任舒怀、许晨林、朱圣杰等

摄影作者：

夏克梁、陆伟、何可人、张莹、胡一兵等

感谢兰溪市委宣传部、兰溪市融媒体中心、浙江日报报业集团《非公有制企业党建》杂志社、广东肇庆斯塔文化用品有限公司、浙江万来旅游工艺品有限公司、“边走边画”团队对活动的大力支持。